世界五千年
科技故事丛书

卢嘉锡题

世界五千年科技故事丛书

铃声与狗的进食实验

巴甫洛夫的故事

丛书主编　管成学　赵骥民

编著　陈丽君

吉林出版集团｜吉林科学技术出版社

图书在版编目（CIP）数据

铃声与狗的进食实验：巴甫洛夫的故事 ／ 管成学, 赵骥民主编.
-- 长春 ：吉林科学技术出版社，2012.10（2022.1 重印）
ISBN 978-7-5384-6115-2

Ⅰ.① 铃… Ⅱ.① 管… ② 赵… Ⅲ.① 巴甫洛夫，I.P.（1849～1936）
－生平事迹－通俗读物 Ⅳ.① K835.126.15-49

中国版本图书馆CIP数据核字（2012）第156269号

铃声与狗的进食实验：巴甫洛夫的故事

主　　编　管成学　赵骥民
出 版 人　宛　霞
选题策划　张瑛琳
责任编辑　万田继
封面设计　新华智品
制　　版　长春美印图文设计有限公司
开　　本　640mm×960mm　1 / 16
字　　数　100千字
印　　张　7.5
版　　次　2012年10月第1版
印　　次　2022年1月第4次印刷

出　　版　吉林出版集团
　　　　　吉林科学技术出版社
发　　行　吉林科学技术出版社
地　　址　长春市净月区福祉大路 5788 号
邮　　编　130118
发行部电话／传真　0431-81629529　81629530　81629531
　　　　　　　　　　81629532　81629533　81629534
储运部电话　0431-86059116
编辑部电话　0431-81629518
网　　址　www.jlstp.net
印　　刷　北京一鑫印务有限责任公司

书　　号　ISBN 978-7-5384-6115-2
定　　价　33.00元
如有印装质量问题可寄出版社调换

序 言

十一届全国人大副委员长、中国科学院前院长、两院院士

路甬祥

放眼21世纪，科学技术将以无法想象的速度迅猛发展，知识经济将全面崛起，国际竞争与合作将出现前所未有的激烈和广泛局面。在严峻的挑战面前，中华民族靠什么屹立于世界民族之林？靠人才，靠德、智、体、能、美全面发展的一代新人。今天的中小学生届时将要肩负起民族强盛的历史使命。为此，我们的知识界、出版界都应责无旁贷地多为他们提供丰富的精神养料。现在，一套大型的向广大青少年传播世界科学技术史知识的科普读物《世

界五千年科技故事丛书》出版面世了。

　　由中国科学院自然科学研究所、清华大学科技史暨古文献研究所、中国中医研究院医史文献研究所和温州师范学院、吉林省科普作家协会的同志们共同撰写的这套丛书，以世界五千年科学技术史为经，以各时代杰出的科技精英的科技创新活动作纬，勾画了世界科技发展的生动图景。作者着力于科学性与可读性相结合，思想性与趣味性相结合，历史性与时代性相结合，通过故事来讲述科学发现的真实历史条件和科学工作的艰苦性。本书中介绍了科学家们独立思考、敢于怀疑、勇于创新、百折不挠、求真务实的科学精神和他们在工作生活中宝贵的协作、友爱、宽容的人文精神。使青少年读者从科学家的故事中感受科学大师们的智慧、科学的思维方法和实验方法，受到有益的思想启迪。从有关人类重大科技活动的故事中，引起对人类社会发展重大问题的密切关注，全面地理解科学，树立正确的科学观，在知识经济时代理智地对待科学、对待社会、对待人生。阅读这套丛书是对课本的很好补充，是进行素质教育的理想读物。

　　读史使人明智。在历史的长河中，中华民族曾经创造了灿烂的科技文明，明代以前我国的科技一直处于世界领先地位，涌现出张衡、张仲景、祖冲之、僧一行、沈括、郭守敬、李时珍、徐光启、宋应星这样一批具有世界影响的科学家，而在近现代，中国具有世界级影响的科学家并不多，与我们这个有着13亿人口的泱泱大国并不相称，与世界先进科技水平相比较，在总体上我国的科技水平还存在着较大差距。当今世界各国都把科学技术视为推动社会发展的巨大动力，把培养科技创新人才当做提高创新能力的战略方针。我国也不失时机地确立了科技兴国战略，确立了全面实施素质教育，提高全民素质，培养适应21世纪需要的创新人才的战略决策。党的十六大又提出要形成全民学习、终身学习的学习型社会，形成比较完善的科技和文化创新体系。要全面建设小康社会，加快推进社会主义现代化建设，我们需要一代具有创新精神的人才，需要更多更伟大的科学家和工程技术人才。我真诚地希望这套丛书能激发青少年爱祖国、爱科学的热情，树立起献身科技事业的信念，努力拼搏，勇攀高峰，争当新世纪的优秀科技创新人才。

目 录

目 录 _____

童　年

在俄国中部，有一座小城镇，名字叫梁赞。它就是巴甫洛夫的故乡。

故乡的特鲁别日河景色优美。岸上到处堆满圆木，河中到处是满载货物的船只和木筏。碧柳摇翠，草地如茵。登高远眺，天际那宽阔的奥卡河映入眼帘。那里有金沙滩围着的水域和无边的草地。夏天，在割草季节，有时全城都可以闻到野草的芳香。

1849年俄国旧历9月14日，巴甫洛夫诞生在梁赞的一间木头房里父亲是当地的神父。神父是教会里的一个低级职务，生活和一般农民比较起来，并不好多少，除了薪金外，自己还要耕种一些土地来维持生活。

划给神父巴甫洛夫的是奥卡河湾牧场的一块草地。去割草的时候，他们总是全家出动。母亲也总是去牧场晒草。伊凡从小就跟随父亲一起劳动，自那时起，伊凡就闻惯了夏天的芳草味，好像浑身浸满了这种芳草味一样。

梁赞的石头建筑很少，只有市中心的那座全城都引以为自豪的著名的鲍里利格列布大教堂，以及几十最重要的建筑是石头建筑物。称此之外，整个梁赞全是木建筑。大教堂广场是圆石铺的路面，而人行道全是木头的。在伊凡家住的尼科里斯卡娅大街上，在夏季街头杂草丛中，每逢到天气炎热的时候，鸡群就在草丛的尘埃里扑腾。他们家的住房是木头平房，三个窗户，屋顶有个明亮的阁楼，住在这里的是几个儿子和寄宿的学生。母亲为贴补家用，收了几个进城上学的农村青年在家里住宿。

尼科里斯卡娅大街绿荫如盖，满街榆树和白柳树。伊凡家的房屋坐落在严实的木板围墙里，有一扇高大的木板门，门上开着个窗户。紧挨房屋是苹果园。父亲喜欢侍弄果园，并教育几个儿子从小就习惯地里活儿，他就这样使晚辈接受自己的爱好。伊凡终生都眷恋土地，一贯亲自动手挖小畦，种蔬菜，养花植树。

在父亲的苹果园里，每逢丰收年景，苹果堆积如山。掉下来的苹果有的晒干，有的拿出去卖，是家里的一笔额外收入。这个家人多，吃饭的嘴也多，除自家的四个孩子外，还有侄子、外甥和其他亲戚一大堆，上帝给每一个人都赏口饭吃。

房屋背后是一块空地，长有接骨木和槐树，大家都叫它操场。因为梁赞的孩子们都十分爱玩击木游戏，在这块空地上玩起来，地盘是绰绰有余的。

伊凡小时候，非常喜欢这种游戏。春天来到的日子里，地面上的积雪都融化了，光秃的树开始发芽。春风一阵阵吹来，真叫人心旷神怡。邻居的孩子们都出来了，这正是玩击木游戏的季节！正如现在女孩子们喜欢跳皮筋，男孩子们喜欢打弹子一样，一放学就开始战斗了。伊凡那时也一样，巴不得早些下课，好和同胞们玩击木游戏。这天，放了学，他来到那操场上，看到同伴们正在等他呢。但是，要玩击木游戏，必须先削好小木块。把削好的小木块放在指定的地方，人站在远处用木棍向它们打去，谁击中得多，谁就是胜利者。没有小木块，就玩不成击木游戏。伊凡想了想，一声不吭地推开自己家的门，拿了一把切菜刀，拿了几块未形成的小木头，坐在光滑的楼梯上使劲地削了起来。他削得很是专心，手、胸膛以及嘴都在一起使劲。额头上很快就出现了一粒一粒的汗珠。他把削好的小木块整齐地排列在楼梯上，看了一会儿，又聚精会神地继续削下去……

母亲手里提着牛奶桶走过来，见到伊凡时，想叫他到果园里帮父亲干活，但仔细一瞧，就没有喊他。母亲心里明白：伊凡这时专注削木块的表情表明，是不能叫他干别的事情的。母亲会心地笑了笑，走开了。

操场上等他的同伴们，等了一会儿不见他来，就纷纷来到他家的门口，从门缝往里瞧。嘿！伊凡在削木块呢。性急的就叫起来：

"瓦尼亚，瓦尼亚，快出来！"

"瓦尼亚，该玩击木游戏了！"

"我还没有削完呢，你们急什么！"

瓦尼亚是巴甫洛夫的小名。他说完，又埋头认真地削起来。

"瓦尼亚要帮忙吗？"有个孩子问。

"不用，我自己做。"他很自信地说。

小木块全部削好后，伊凡飞快地跑出家门。很快，他就跑在孩子们的前面，削好的小木块在口袋里嘟嘟作响。

"你们不能快一点！"伊凡着急了，他在对着同伴们下命令。

"瓦尼亚，你就用右手击一击，行不行？"有个男孩子说。伊凡是个左撇子，他习惯于用左手，在玩击木游戏的时候，他的左手打得很准，可算是百发百中，不少孩子们既羡慕又嫉妒。

"你倒用左手试试看，就像我用左手一样。"伊凡向那个挑战的男孩子说，同时交给了他木棍。"来吧，不用客气，我叫一二你就开始，一……二，落空了，你这个打手，真是个笨蛋！"周围的孩子们都快乐地笑起来。

过了一会儿，走过来几个瘦而高的少年。他们是镇上神学院的学生，比伊凡这一帮大一些。他们早就风闻伊凡是玩击木游戏的能手，今天特地来验证一下，看一看是不是果真如此。俗话说："百闻不如一见。"这时伊凡正挥动左手，眼睛盯着目标，棍子飞快地打了出去，眼明手快，地上的小木块立刻被击中，飞了出去。一片喝彩声，果然名不虚传。

"怎么样，我们也参加一份？"一位少年挤了上来。

伊凡瞪大眼睛把对方打量了一番，突然发现了这位学生的口袋里有一本书，于是说：

"欢迎，欢迎，不过先得把书借给我看看。"

对方愉快地笑了笑，拿出了书，交给伊凡。伊凡也把手中的木棍交给了他。

伊凡走到一旁，翻开了书。这是一本讲人体功能的小册子，对于这位还未成年的孩子来说，内容很深奥的。但是，这本书却引起了伊凡的兴趣，"为什么人的胃好比榨油机一样？""人的心脏为什么老是不停地跳动？""我什么时候能知道一个人是怎样构造的就好了！"伊凡就这样地看着想着，完全忘记了正在进行的击木游戏。

当游戏结束的时候，太阳已经快要落山了。鲜红的晚霞染遍了西边的天空，真是美丽极了！是该回家的时候了，不然妈妈们又要到处吆喝。同伴们纷纷从伊凡身子底下拉出自己的衣服，各自回家去了。他放下书，抬起了头，望着那霞光万道的天空。他的眼睛闪烁着，好像在夺击木似的。不！他不仅要夺击木，而且要夺一座科学的高峰，一个科学的新世界。

当时，梁赞共有36座教堂。伊凡的父亲所管辖的是尼科罗维索科夫斯卡娅教堂的教区，教堂上的钟楼是细长形的。正因为如此，人们才经常把它们简称为尼科拉长脖教堂。神父家的几个孩子经常跑到瘸腿敲钟人瓦西里的守卫室去听鸟叫，那里的鸟数不胜数。他们还爬到钟楼上去赶鸽子。

可是有一次，他们却惹下了大祸。一天夜里，他们从钟楼上垂下一条纸蛇，蛇的两只妖眼还冒着火，这引起周围地区一片惊恐。好在警士巴弗努季很喜欢喝苹果露酒，露酒就在父亲彼得办公室内的蓝色门帘后面。父亲正是在这间办公室接见了这位法制界的代表。后来经过很久的谈话，事情总算得到了和平解决。

在警士回家不久，房子里还回响着父亲彼得那声如洪钟的男低音。父亲彼得是易怒的。但也是公正的，好动脑筋的。因此，在他冷静下来，心平气和地反复思考之后，就在花园里给孩子们修了个秋千，挂上了铁环，装上了做体操用的梯子和杠子，好让孩子们把多余的精力有个正常的用场，而不是去淘气。

自那时起，伊凡和体操结下不解之缘。他有着超人的力量，很能吃苦耐劳。直到75岁的时候，才第一次知道疲劳是什么滋味。而在此之前他一直臂力过人，体格魁梧，不知疲劳为何物。

父亲彼得很喜欢在家里读书，进行启蒙式的谈话。他亲自培养孩子们对书籍的爱好。起初，他有时也把孩子们领到驼背邻居巴夫拉·弗拉索夫娜那里去。她教孩子们认字，但一年学到的也就是一些杂粮之类的庄稼名称，孩子们总也闹不明白词尾的各种字母。于是，父亲就不让孩子们学字母表了，而是改学书本。这其中就有克雷洛夫的寓言。

伊凡的求知欲越来越强烈。在父亲宽敞的图书馆里，伊凡找到了一本印有彩色插图的《日常生活的生理学》，作者是一个叫刘易斯的人，书中讲的是些平凡无奇的事物：消化、呼吸、心脏的工作。但讲得活灵活现，绘声绘色。就像胃的功能这样普通事情，在作者笔下也变得有些神奇。在这本引人入胜的书中，详细地讲述了事物在胃里和肠道里可能遇到的各种奇遇，其结果是面包、肉、奶变成了我们身体的建筑材料和力量的源泉。像父亲对待每一本书一样，伊凡把这本书通读了两遍，这一条规矩他以后一直恪守不渝。

一个在乡间小镇上长大的孩子，对科学研究究竟是怎么回事知道得并不多，更不了解人在科学研究道路上的艰难险阻。但是，伊凡想过，不管有多大的困难，他也要坚定地走下去。有一次，父亲让他和弟弟德米特利一同在果园里挖几个坑，兄弟俩费了很大的劲才挖好，正要休息，突然父亲告诉他们：

"坑的位置计算错了，需要重挖。"

弟弟听后很是泄气，不高兴重挖。伊凡一声不吭，拿起铁锹就在新的地方挖了起来。弟弟看哥哥干得起劲，不好意思袖手旁观，也就挖了起来。干了一会儿，父亲笑着说：

"好，停止吧！"

原来父亲在有意地培养孩子们的坚韧性呢。

伊凡决定离开学院，到当时的俄国京城彼得堡去上大学，攻读生理科学。这个决定，他还没有和父亲谈，他很担心遭到父亲的反对。其实，他的担心是多余的。至于母亲方面，他有把握，只要父亲同意了，母亲也就不会反对了。

一天吃晚饭时，伊凡决定把自己的想法告诉父母。

"爸爸，"伊凡说，同时拿眼睛不安地看了看身旁的母亲，"我不准备在神学院读下去了，我想现在就去彼得堡上大学。"

父亲严厉地看了看儿子，把手中的杯子放到桌子上：

"为什么这样着急呢？先念完神学院不可以吗？"

"我不想浪费时间了，爸爸，有很多东西我要知道。"伊凡低声地说，可以听得出他的话是经过深思熟虑的。

父亲拿起茶杯喝了一口茶，慢条斯理地问道：

"你要知道什么呢？"

"我要知道人是怎样构造的。"

"想当个医生是吗？"父亲对儿子的回答没有感到意外，以为儿子将来想行医。

"不！"儿子的这一次回答使父亲有点吃惊。伊凡深知自己是神父的长子，社会给他的安排，是继承父业，当一名神父。此举很难让父亲接受的。他的心七上八下地不敢正视父亲一眼。

"那么，你为什么要知道人是怎么构造的呢，如果你不想做个医生的话？"父亲继续问道。

"为了造福人类。"

这句话是多么平凡而深刻啊！父亲被儿子认真的精神感动了：

"你说得很对，孩子。但是你能够做到你所说的话吗？"

"我会尽力的。"

"那么，你已经想好了？"

"是的，爸爸，我已经想好了。"

父亲微笑地站了起来，他认为儿子的决定是他自己的权利，做父母的只能对子女的行动作适当的引导，而不能包办代替，并且他认为：儿子的决定是正确的。

"好吧，那就这样决定了。你应该像古代的勇士那样去攻克科学的城堡。"

伊凡高兴得差点跳起来，但是他没有跳，在高兴之余，他更加明白，应该刻苦奋斗，才不会辜负父母的期望，才不会有失于自己的誓言。他不轻易许愿，一旦许了愿，那就一定要去实现。他认为：一个人失信于自己，就是失信于别人的开始。

几天后，当太阳升上地平线，毫不吝惜地把它的光和热献给人间的时刻，伊凡吃过母亲给他准备的一顿美餐，向父亲、母亲、弟弟们一一告别。

再见了，亲爱的家乡！

家乡是可爱的，但是好男儿志在四方，犹如鸿雁高飞总不能只在北边的天空一样。

新的生活道路

九月的一个早晨，列车到达彼得堡。从车厢里走出三个怯生生的梁赞神学院学生：伊凡·巴甫洛夫、弗拉基米尔·戈里佐夫和尼古拉·贝斯特洛夫。后两人是伊凡的同窗好友，原来就寄宿在巴甫洛夫家。上学期间，他们在巴甫洛夫家的小顶楼上结伴度过了好几年，并结下了友谊。在彼得堡，他们决定也不分开，一起在新的生活中碰碰运气。

巍峨的宫殿，富丽堂皇的大厦柱廊，带花纹的铸铁栅栏，在大门边静立的石头狮子，辽阔的广场，伊萨基辅教堂的圆顶，海军大厦的镏金塔尖……使他们大饱眼福。

他们默不作声地沿着刚刚苏醒的城市漫步，穿过中央立有圆柱的宫殿广场来到了涅瓦河畔。花岗石河岸，灰色的秋云低悬，铅色的涅瓦河的寒冷潮气吹到他们身上。在河湾背后的对岸，遗臭千古的暗炮台（囚室）的阴森森的石墙和塔楼矗立在水面，显得那么突兀。车尔尼雪斯基和皮萨列夫在这里受过折磨。车尔尼雪斯基长篇小说《怎么办》和皮萨列夫宣传自由思想的文章就是在这里写成的。正是这些作品触动了这些梁赞的普通神学院学生的灵魂，促使他们离开父亲的家园，并矢志寻求自己的生活道路。

他们的目的是想上大学。为什么上彼得堡大学呢？在城里的涅瓦河畔住着《反射》的作者伊·米·谢切诺夫。这一点在伊凡·巴甫洛夫选择今后求学地点是起了决定性的作用。虽然梁赞离莫斯科近在咫尺，但他还是不惜长途跋涉268千米来到彼得堡，这里离伊·米·谢切诺夫更近些。别人随他来到这里是为了有个伴，日后大家在一起也好照应些。

此时，他想起临行前的情景：父亲甚至还谈到，他自己为了到梁赞来上神学院，曾在没有任何外用的情况下，硬给自己闯出一条道路，从原籍农村来到梁赞，步行跋涉将近70千米。

　　凭着农民的那股精明劲儿，老巴甫洛夫找到监督司祭，请他办了一张《家境贫寒证明书》。证明书中说，神职人员巴甫洛夫家境贫寒，无力负担儿子，请求享受公费伙食待遇。实际上，巴甫洛夫神父还没有穷到那个地步。

　　神父巴甫洛夫，这时已调到拉扎列夫墓地的教堂工作。在新的工作地点，公家给他分配了住房，自己原来的住房也保留着。这时，作为神父之妻的母亲便把自己的房屋完全腾出来专门供给别人寄宿用。房客每月至少交3卢布。现在，几乎成了全梁赞省良种苗圃的苹果园也有了收入。这还没有算源源不断地投入在墓地教堂任职的神父钱袋里的那些10戈比和50戈比的银币。为了辅助家务劳动，母亲甚至雇用了一个女佣。这样，准备送儿上路以前，她用家里的各种吃食塞满了一篮子。篮子上摆了一条毛巾，毛巾上母亲亲手绣了几个字，代替祝福的话："说老实话，做老实人。"

　　告别的时候，父亲一片难舍之情。他一再重复说：

　　"夏天，放假的时候，……我们等着你。"

　　在旅途的前一半他思念家园，思念留下的亲人。然后，他的思绪就转向彼得堡，转向了梦寐以求的大学。而现在，在饱览全市风光之后，他们穿过宫殿桥来到瓦西里耶夫岛上，已接近目的地了。展现在他们眼前的是差不多有半俄里的建筑群，还有12座与之相接的一模一样的三层楼房。

大学的校园里有几百个像他们这样从俄国各地来的青年。走廊里，入口处的前厅里，到处挤满了青年。

梁赞神学院学生伊凡·巴甫洛夫从箱子里抽出了自己的证明信，然后来到校长办公室。他呈给帝国彼得堡大学校长、四品文官卡尔·费道洛维奇·克斯列夫的申请书是事先写好的。

申请书写道：学生已修完梁赞神学院普通教育之全部课程，敬请校长大人阁下准予进入帝国彼得堡大学法律系就读。随函附上成绩单、操行证明、出生证、生之家长梁赞市拉扎列夫1869年的职务证明、监督司祭出具之家境贫寒证明、学校副校长品行的证明信。在品行和学习成绩证明信中说：神学院学生伊凡·巴甫洛夫学习"异常勤勉"，其有关科目的学习成绩分别为"优良，优秀，优异"。他申请改读法律系的原因是该系不需要考数学。这位未来的科学家对数学这一科目没有抓紧。怕数学考不及格，他要了一点花招，先读法律系，混过一段时间再另想办法。

入学考试顺利通过，并且注了册之后，伊凡提出了第三份事先准备好的申请，又呈现给办公室的那位卡尔·费道洛维奇·克斯列夫校长大人阁下：

"生经过反复考虑，决定攻读自然科学。诚恳请求校长大人准生由法律系转入物理化学系自然科学专业学习。"

校长心想：可真拿他没办法，年轻幼稚，拿不定主意。提笔批准了这份申请。

可是，使校长百思不得其解的是，一年之后，这样的事又重演了。又有一个梁赞的神学院学生巴甫洛夫考入大学，又是报法律系。校长怎么会知道，这就是伊凡的弟弟德米特里呢。他性格开朗，不愿留级，现在和大哥走上了一条道。使校长更为吃惊的是，录取之后一个月，又收到德米特里·巴甫洛夫的第二份申请，又写道："生经过反复考虑，决定攻读自然科学。诚恳请求校长大人准生由法律系转入……"

校长手拿申请想起一年前有个个子不高，但长得结实，显然是为装体面留着栗色胡子，庄重沉思的学生有类似情况，事过一年又有此事发生。

当然，如果严格一点的话，原来志愿是什么就是什么，早就该考虑好嘛，为什么要转来转去呢？可话说回来，一个人如果专业对了头，效果就好。校长考虑再三，还是批准法律系一年级学生德米特里·巴甫洛夫转入自然科学专业就读。

但是，当此情景第三次出现的时候，"啊，我的天啊！梁赞那里有多少个这样的巴甫洛夫？"校长坚决拒绝给这个应届入学的巴甫洛夫转系。什么"生经过反复考虑……"这显然违犯校长那德国人信守不渝的条条框框，这里面肯定有鬼。

但是这也没有什么了不起。巴甫洛夫兄弟们对此也有准备。小兄弟彼得的数学游刃有余，没费多大劲就通过了考试，直接进入自然科学。

由大哥伊凡开始，弟兄们都"弄虚作假"，一连搞出几份这样的申请书。敬爱的校长大人卡尔·费道洛维奇可曾知道，由于他签署了这几份尽人皆知的所谓申请书，他积了多大的德啊！三兄弟全成了科学家。

梦寐以求的理想实现了。伊凡·巴甫洛夫成了理科大学生。无论他是漫步在回声很响的大学走廊里，还是听那些久负盛名的学者们讲课，他都感到自豪儿激动。

在大学的实验室楼里，可以遇到因"反射"学说被医学科学院革除教授职务的伊万·米哈依洛维奇·谢切诺夫。

在实验楼里，这位温文尔雅、满头黑发、长着一副容易激动的麻脸的人，不停地哼着歌曲。出于对科学的热爱，经德米特里·伊凡诺维奇·门捷列夫特许，他进行了实验。由于不合杂交心愿的科学题目，沙皇当局把谢切诺夫驱逐到敖德萨。谁能料到，他从敖德萨回到彼得堡后要做的第一件事就是拜访现在的学生伊凡·巴甫洛夫的实验室。他慢条斯理的话语使他的这位没见过面的学生和崇拜者感恩戴德，没齿不忘。他发自肺腑地说：

"原来我认为卡尔·路德维希是最好的生理实验家，现在我发现，您应该名列第一。"

巴甫洛夫兄弟

　　大学生伊凡·巴甫洛夫潜心治学。他和梁赞的朋友一起，住在离大学不远的瓦西列无斯基岛上拉里男爵夫人家中，要经过木头造的浮桥。当时，路上走的还是马车，每回总是花五戈比硬币，有时也得省下来，对于他们这些梁赞人来说，彼得堡的市内距离显得很远，但他们也只能步行。这使他一辈子养成一个习惯，一边走，一边用步子测量道路，不管是京城的街道，还是乡间的土道。

　　钱很紧，公费不够用。尤其是巴甫洛夫有法律系转到自然科学系以后，由于来得晚，失去了奖学金，现在只能靠自己给私人上课、搞翻译挣点钱，到学生食堂去吃免费的面包，加上点芥菜。幸好公费食堂管饱。

第一学年过的特别苦，因为当时二弟德米特里还没来到彼得堡上学。打从弟弟来时起，弟弟就在生活上照顾大哥。大哥在这方面完全是外行的。

平易近人的德米特里，乐观开朗，谈笑风生，在彼得堡安顿下来以后。很快就广交朋友，安排好了简单的大学日常生活。哥俩换了房子，虽然离大学稍远了一些，但房费便宜。这条街道有点像梁赞的街道，静悄悄的，有的地方还野草丛生。房子也是木头造的，和自己家的房子有些相似。

情况没有多大变化。巴甫洛夫兄弟们根据自己的切身体会很快意识到这一点有多么重要。远离本乡本土，闯入一个陌生的城市，一个陌生的环境，不是那么简单的事。看起来，不是每个人都可以适应新环境的。

巴甫洛夫的两个同伴都患了精神病。一个患忧郁症，总想自杀。而另一个得了精神分裂症。他们俩都是极端脆弱的类型。现在人们很难想象，进自然科学系学习会给他们可怜的头脑造成多么大的刺激。要知道，在神学院有多少东西要塞进他们的头脑：关于自然科学的说教，关于艺术的说教，关于正常的失音症的说教……各种著述无穷。而到大学以后，又是显微镜，又是解剖刀，作青蛙切片，有时是细胞，又是原生质……这样，人也就疯了。

无疑，伊凡属于性格坚强的人。但是，他第一年也不好过。开春的时候，他也搞得筋疲力尽，神经也有点不正常。由于医生的坚持，他把第一学年的考试移到了秋天。回家休息了一个夏天之后，他顺利地通过了这些天的考试，加之他有亲爱的弟弟德米特里和他在一起，所以彼得堡也不显得那么陌生了。

办事认真，热爱劳动，意志坚强，这些，伊凡全像父亲。而弟弟德米特里，虽然外表和伊凡很相似——年轻的脸上蓄着浓浓的栗色胡子，淡蓝色明澈的眼睛，健壮结实、宽宽的肩膀——性格却和伊凡迥然不同。他强壮有力，喜欢拳击，喜欢诸如此类的游戏，能想出很多好玩的点子，喜欢和人比高低，和他叔叔一模一样。德米特里有时也管不住自己，有时可能撒野，虽然论年龄，尤其论地位来说，都不允许他莽撞。

叔叔的全部莽撞劲头，好像都遗传给侄子德米特里了。在斗智游戏方面他特别擅长，虽然有时这也不算好事。而他锋芒所向，首先是指向哥哥伊凡。

三弟彼得是个大个子，身材修长，淡黄色头发，学习很轻松。在兄弟们中间，教师们首先看中了他。上大学的时候，他就开始研究科学。大学毕业后，他从事鸟类研究，一帆风顺。大哥伊凡，作为科学家，是后来才得心应手的。伊凡常说：

"彼得可比我能干得多。"

但是弟弟彼得过早地悲惨地离开了人世。那是一年冬天，回故乡梁赞度假，弟兄们出外冬猎。不喜欢这一娱乐的伊凡留在家里没去。小弟谢尔盖走在深深的雪地里。可能太累了。支撑不住，滑进坑里。彼得把猎枪递给他，叫他拉住，然后开始往上拉。这时，发生了无可挽救的灾难，慌乱之中扣动了扳机，枪响了。整整一枪膛铁砂全打在彼得身上，距离又那么近，差不多是枪口顶着他打的……

德米特里明朗欢乐的性格并没有妨碍他的学习，但对于伊凡来说，虽说他不是冷酷无情，对这种没完没了的开心却开始感到厌烦。他对德米特里说：

"依我看，青年时期最主要的目标应该使自己学会思考。思考就是认真地研究事物，今天、明天都注意它。要写，要谈论，和人争吵，从不同的方面研究它，收集各种有利于这种结论和另一种结论的资料，消除各种反对意见，哪里有问题就承认哪里有问题，简言之，就是体会一下高度的思想集中，脑力劳动的甘苦。"

德米特里明白大哥这番话的意思是必须对自己研究的科目进行"不断地思考"，他明白脑力劳动也是劳动，而且是繁重的劳动，只有敢于献身科学事业的人才能体验智力上的享受所带来的喜悦。可自己却觉得没有必要，任何事都要适可而止。

当伊凡不得不给人上课以增加自己的收入的时候，他马上尽全力培养自己的讲课才能。

由热爱生活的德米特里召集，一大群形形色色的人物定期到巴甫洛夫兄弟这里来聚会。伊凡也不回避了。他不仅倾听他们的谈话，而且自己也努力学习怎样和任何一个对话者就自己感兴趣的话题进行通俗易懂引人入胜的谈话。

有些问题是否会发生争论呢？这方面，兄弟都能言善辩，他们上神学院时就学会了。

差不多就在此时，伊凡·巴甫洛夫制订了一个特殊的生活规划。规划中明确指出，他将来应该干什么，在这种或那种情况下应该怎么办。其后，对于他亲手制订的这些原则，他一直信守不渝。

这其间他最亲近的是女生班学员谢拉菲玛·瓦西里耶夫娜·卡尔切夫斯卡娅。她也是来彼得堡想学习的，并憧憬着将来当一名教师。

当她结束学习到边远省份开始当乡村教师时，伊凡·巴甫洛夫开始感到空虚，坐立不安，这是他有生以来第一次有这种感觉。

爱情的火花

离别与相思之苦煎熬着伊凡，他索性提笔给瓦西里耶夫娜·卡尔切夫斯卡娅写信，告诉她自己要办报。这份报纸称为《遇事小议》，发行人就是伊凡·巴甫洛夫。他在创刊号上告诉自己唯一的女读者说，这份《遇事小议》报反映生活及生活中的趣事、乐事、伤心和正经事。"就偶然事件每周出一期，方向不定，前途未卜"，每期整整10页。每期必有编辑部文章、小品文以及各种声明。

后来，根据这位女读者的愿望，报纸换了名称。在发行者和女读者分别在两地度假期间报纸按期出版。

当这份不寻常的报纸的唯一女读者离家就业而相逢

又遥遥无期的时候，发行者已经是有苦难言了。他开始写"普通的信"，有时候一天还要写上好几封。

"……现在，我有点像一把没有调好弦的吉他，正给它一根一根地调音。体操这根弦已定好音。接着要定实验室作业这根弦。现在我开始大步走向实验室。虽然一天到晚体力劳动很累人，但做体操使我精力充沛，丝毫不以为苦。在家里搞点科研和业余阅读这两根弦远没有拉紧，没调好音。当然不可能一蹴而就。我现在只觉得是向这方面努力。我已经决定足不出户，既不去别人家做客，也不去看戏。除非我真的感到太疲劳，必须适当休息时才去。为了我自己、你——亲爱的，和所有的人欢乐，我们的吉他会奏起乐来，正像过去曾演奏过那样。你的……"

"昨天我去听鲁宾斯坦音乐会，你知道听到这些音乐时，我心里想什么吗？我仿佛在你面前哭诉，忏悔不已，总是呼吁真理和平等。不知道什么时候，我又会沦为孤独一人。想到这里难免伤心落泪。而各种声音照样响着，它们好像告诉我：'不，你不会只身一人的。和你在一起的是你的永恒的朋友，不变的、得道多助的真理。'突然间，我变得很强大，好像任凭海枯石烂，我们两个事实上已经永远不分离。你可知道，写到这里，我已经不由得落泪了。"

"……你使我青春再现。那美好岁月的思想、感情、感受，每日、每分钟都在我的灵魂中复活、再现。我重新相信思想的威力，相信真理的胜利。

而所有这一切都得通过你，我亲爱的……

你将会看到的我，就是到目前为止我想努力做到的那样，但有些方面力不从心……此外，我们之间谈的全是琐事，一些千篇一律的东西。是的，我们应该改进……"

"……现在，亲爱的，请允许我再谈谈你的缺点……就经验而谈，我在公开指出缺点时总是看到我们合作的最令人高兴的一方面。当然，彼此都是这样。记住，这是我的秉性之一。我不能和一个不愿意知道，也不许我说出对她的各方面印象的人生活在一起。可是，这样的人大有人在，甚至有些是好人。你是属于哪一类人呢？对于你的性格，我一无所知。我亲爱的，仔细地考虑这个问题，并且告诉我你得出了什么结论。当我谈起你的缺点时，你可能会认为，我现在不太爱你，不太尊重你了……我更爱你了，因为我面临的是一个信得过的、我了解她真实情况的大活人，而不是一具情况不明的偶像……"

伊凡在情书谈自己的感受，谈离别之苦，谈今后生活的计划。并向她介绍了自己性格上的缺点以及如果日后嫁给他可能遇到些什么困难，也谈了自己杂乱无章的心情，自己哪些方面有待提高，首先要提高自己的智力。还谈到他将为之献身的事业。也谈了些她今后应该改正的地方……

弟弟德米特里见大哥如此执著，不得不给谢拉菲玛·瓦西里耶夫娜·卡尔切夫斯卡娅写信，想使这位女通信人相信，这漫长的一年当中，伊凡除了写信或者看回信，别的什么也没干。

探　索

　　莎士比亚使他们更接近了。当时在彼得堡有一位著名的意大利演员罗西正在巡回演出。他的戏青年们每场必看。不过，很多人觉得，莎士比亚那些不朽的剧本主题不合时宜，只具有历史意义。但是，莎士比亚的崇拜者谢拉菲玛·卡尔切夫斯卡娅和莎士比亚狂热的敬仰者伊凡·巴甫洛夫对此持有异议。

　　由于年轻的女学员对各种新鲜事物都很熟悉，她力求通读莎士比亚的作品，并在谈话中反复动用他的思想和感情。于是，她很快就在伊凡身上发现了一种神秘的精神力量。

谢拉菲玛·卡尔切夫斯卡娅自己也不知不觉接受了这种影响。

　　在朋友中间，伊凡·巴甫洛夫是大家公认的权威。他试图对各种各样的科学问题都提出自己的观点。他痴心妄想，苦心求索，用类似于他在生理学中应用的某种准确的方法来研究各种社会问题和人类心理学的可能性。甚至在读文学作品时，对于那些包含这种寻求的作品，他也特别珍惜。

　　在那个时期（那是一个题材广泛的多层次的史诗文学形式的时代），长篇小说在某种程度上填补了关于人类知识的某些不足：关于操纵人们的内在精神力量，关于人类行为的动机，关于各种品行的外部表现，在复杂的生活中，这样做出行为目标的正确选择。在那些年代，最富有悲剧色彩、最矛盾、最复杂的人物要算陀思妥耶夫斯基。

　　依处世态度而论，伊凡·巴甫洛夫和卡尔切夫斯卡娅认为陀思妥耶夫斯基是最合他们口味的作家。巴甫洛夫认为这位作家可贵之处是"对全世界所有受苦人的爱达到了痛苦的程度，愿意帮助被污辱与被损害的人们，给他们指出通往幸福的道路"。

　　有一次，他们两人一起有机会去听陀思妥耶夫斯基在一次文艺晚会上的演说。首先出场朗读的屠格涅夫，端庄文雅，风度翩翩，频频点头。他运用不同的声音朗诵得很优美。他会用不同的语调塑造不同的人物，宛如一些栩栩如生的"歌唱家"呈现在观众面前。

屠格涅夫朗诵完以后，陀思妥耶夫斯基开始讲演，他是大学生心爱的人物。他个子很小、面色苍白、病态，长着一双混浊的眼睛，走到台前，开始用微弱的声音演说。

听众们感到很扫兴：他们心中的偶像看起来平庸无奇，显然比屠格涅夫逊色。但是陀思妥耶夫斯基的声音越来越大，"讲台上的一个预言家"使在场的听众耳目一新。陀思妥耶夫斯基的神态也变了：眼睛里闪烁着使听众们振奋的光芒，脸上显出一种崇高的催人上进的力量……

演说结束时，听众喊叫着，敲击着，疯狂地喊道：

"陀—思—妥—耶夫—斯基！"

虽然陀思妥耶夫斯基这样受人景仰和崇拜，但他却是个平易近人的人。人们不拘礼节地到他那里去，谈谈生活，听听他的建议。他们到他那里去忏悔自己，很相信他的话的力量。甚至谢拉菲玛·卡尔切夫斯卡娅后来还到他家里去过，不止一次地和他交谈，听取他的意见。

三十岁的巴甫洛夫，虽然还举棋不定、彷徨，却在自己的处世态度上真正地达到了哲学的高峰，尽管是潜意识的。他本人还没意识到，没有用语言表达出来，但他已将全部心血投入科学探求和科学创制的轨道上了。凭这种少有的求知精神，他感到自己有几分像歌德的《浮士德》中的魔鬼菲丝特，成了人类灵魂的探索者。巴甫洛夫感慨地对卡尔切夫斯卡娅说：

"我有幸宣布，请多关照，当代的魔鬼菲丝特就是我……无疑，在这里我们所涉及的是生命的最新秘密之一。这秘密是，自然界在按照严格的、不变的规律发展的同时，人类怎样来认识自然界本身。这会引出什么结局？又怎样调和在一起？"

此时，他还没有完全认识到，他——真正的菲丝特魔鬼的胆略承担的担子的艰巨分量，他还在试验中。

苦难历程

精神上的探索，想认识自己，他抱怨自己在智力和性格方面不如青年人那样活泼好动。实质上，这一切全是年龄危及，拖延很久的青春业已消逝。伊凡·巴甫洛夫已进入成熟期。刚感到青春的活力在他的心灵中开始消失，巴甫洛夫就坚决地寻找对策，他找到了永葆青春的办法。

为了使蓬勃的朝气寓于健康的体魄之中，伊凡·巴甫洛夫在生活中律己极严。每天必做早操，如此一直坚持到垂暮之年；夏天、雨天、冷天，洗冷水浴从不间断；无论是到大学去还是上班去，只要有可能，一律以步当车。在科学院那几年，给他一辆"福特"牌汽车，他让女同事们坐，而本人徒步回家，而且不费力气就超过其他同事们。

他就知道工作，工作……

巴甫洛夫逐步感到，只有当一个人养成了逻辑思维能力之后，才可能永远潜心于思考，而由幻想阶段向逻辑推理阶段的这种过渡是非经过不可……这就是智力的成熟。怎样实现这种从青年时期向智力全面发达时期的过渡呢？简单地说，这需要在某种专门的科学研究中来加以说明。

他深知对自己而言，这某种科学研究就是生理学。孩提时代，他读刘易斯的书时已经理解，这生理学比其他各门自然科学更接近于人体器官的秘密。一丝不苟、持之以恒、专心致志地进行科学工作，成了他矢志不移的生活爱好。正是在这个十字路口，他和弟弟德米特里终于分道扬镳，各奔前程，虽然他们手足情深，终生都很友好。

弟弟天生贪图安逸，对繁重的脑力劳动望而却步。他真不明白，犯得着为了智力上的乐趣放着好好的快活日子不过吗？德米特里·巴甫洛夫也研究科学，但他适可而止，并没有把自己的全部精力和全部时间献给自己的化学，他认为这是有礼有节。他大哥曾想让他回心转意，为此也发过脾气，甚至在心里称他为"懒汉"，但没能用自己的方法改造德米特里。他们各奔前程一个走的是平坦的直路，另一个走陡峭的山间小道攀向顶峰。而那条攀登顶峰的道路不熟崎岖难行的呢？伊凡·巴甫洛夫以特有的无穷尽的勤劳精神着手加固科学大厦的基础。巴甫洛夫像着了魔法一样倾听齐昂教授的讲解。使众人惊讶的是教授能巧妙地对最复杂的生理学问题进行深入浅出的说明，这样的老师使人终身铭记。在老师指导下，他做了自己的第一次生理实验。

不用说，这个实验是有关心脏、神经和控制心脏的心律的。这是巴甫洛夫第一次有机会亲自寻找不易分辨的神经纤维，把神经和各种组织分开，跟踪观察这些神经通往何处。而这一切都是在一只活着的实验狗身上进行的，心脏还在跳动，肺还在呼吸，像人们常说的那样，是在活动实验场上进行的。

这时巴甫洛夫明白了：未来的生理学家首先必须是卓越的外科医生，他的导师之所以掌握了那么高的外科技术是有道理的。他是真正的高手，他做的手术干净利落，而且很帅。这位教授完全可以穿着燕尾服和学生们一起上晚自习，拿狗和兔子进行实验，甚至连雪白的手套也不用摘，自己身上连一滴血液不沾，完事以后，直接从实验就去参加舞会或晚会了。

伊凡·巴甫洛夫沿着老师的足迹亦步亦趋，终于成了一个第一流的外科医生。同时，他是一个左撇子，后来他做手术时能左右开弓。他对助手笨手笨脚看不顺眼时，自己拿起解剖刀就走上手术台，三下两下就完事。正像人们常说的那样，手术还未来得及开始就已经结束。当周围的人们还认为刚进行准备工作时，巴甫洛夫已经脱下手术用的手套，洗手去了⋯⋯

巴甫洛夫的全部时间都是在生理学实验室里度过的，激情不亚于他那专心致志进行科学探索的老师。依里亚·法捷耶维奇越来越多地委托他进行独立研究，不仅只与心脏活动有关，而且与胃的功能有关，在这些领域里还有很多科学未曾涉足的"空白点"。

在大学的科学讨论会上，巴甫洛夫作了科研成果的报告，他甚至还被授予金质奖章。他领到的已经不是普通的奖学金，而是皇家奖学金。对于他心爱的生理学，巴甫洛夫投入过多的时间，以至于在毕业考试临近时，才突然意识到，剩下的时间无论如何也来不及了。于是，他在最后一学年自动申请留级，他的留级报告被批准了。在这一年终，他还是专心致志自己心爱的课程——生理学，并且大学考试他也通过了。伊凡·巴甫洛夫获得了自然科学硕士的称号，和在俄国任何一个教学或科研单位当实验员的资格。但是，伊凡·巴甫洛夫想获得医学博士学位，以便能有资格去主持生理学讲座。于是，他进入了当时欧洲最负盛名的医学外科学院，上三年级。

"老大学生"巴甫洛夫可曾为了获得这一讲座，他要付出多少精力啊！在他朝思暮想的目标实现以前，这一名副其实的"苦难历程"耗去了他一生旅程中整整十年光阴。此时他已结婚，对于他本人和他的家庭，这十年又是最艰难的。家用入不敷出，没有钱买家具、炊具、茶具。长期地寄人篱下，和弟弟德米特里一起住分给他弟弟的大学寓所里。最大的不幸是头一个孩子的死去，而整整一年之后，又遇到幼子意外夭折。为此，妻子谢拉菲玛·瓦西里耶夫娜受到严重的心灵创伤，长年卧病不起。这一切都是无法预料的，因而分散了他搞科研的精力。

一切都不以个人意志为转移，谁也休想取消一切考试。医学院毕业后，巴甫洛夫光考试就参加了27场！而争取"留校"的竞争相当激烈，244个毕业生中有46个人有权参加竞聘，而只能录取7个人，有评委会择优挑选。对于巴甫洛夫来说，这是他继续从事科学工作的唯一机会。如果失败，他就得立即离家前往第32可列门楚哥团服役，去当军医。结果，一篇题为《操切从事有弊无利》的论文列第四位，作者就是伊凡·彼得罗维奇·巴甫洛夫。

但是，福无双至，他的科研搞得不怎么顺手。有一年，可称是他悲观绝望的一年，伊凡·巴甫洛夫已经丧失勇气，不相信自己有力量有可能从根本上改变家庭的生活。但这时的谢拉菲玛·瓦西里耶夫娜已经不再像刚开始几年生活时那样像一个热情奔放的女学生了，她开始鼓舞并安慰自己的丈夫，帮他摆脱萎靡不振的困境。由于她的坚持，伊凡·巴甫洛夫认真地写完学位论文。

虽然学位论文答辩成功得了博士学位，但伊凡·巴甫洛夫未能主持讲座。当时彼得堡没有空位子，他被挤得无容身之地。最后，他不得不向国民教育部长杰梁诺夫递上一份呈文，请求能给他提供"俄国任何一所大学的任何一个科学实验讲座"，但是并没有人及时向这位青年科学家提供一项合乎专业的学术工作。后来，他决定去西伯利亚，去鄂木斯克，那里正好新建成一所大学。但另一个和他一起希望获得讲座的人却得到优先照顾，尽管他是个动物学家。巴甫洛夫想进自己的母校彼得堡大学，但又碰壁了，当选的不是他。只是在他第三次申请时，才终于成为不久前他在那里听课的那所医学院的药理研究室教授。此时他已41岁。从此，他有了自己的实验室。这样一来，钱也有了，并且在实验室里自己说了算。

新的发现

在鲍特金教授的彼得堡医院里，有一座已经荒芜的花园。花园深处，有两间小小的木屋，原来似乎曾经用来作医院的浴室。木房子用沥青铺地，木板墙，还放了几张破旧桌椅。

一天上午，在实验室里，巴甫洛夫正聚精会神做着实验，这是给胰腺做的一种难度很大的手术。突然，实验室的门被打开了，走进一位头发苍白的老人，对巴甫洛夫说：

"喂，年轻人，请告诉我你们院长在哪里？"

"请您小声点，您没看到我在做实验吗！"巴甫洛夫回答说，并没有抬起头来，"我不知道院长在什么地方，总之，他没有到这里来。"

　　来者这时才细细地打量了一下这位年轻的科学工作者，见他为了对付眼前的实验，除了把左右手用上外，还用上了一只脚以及嘴巴，他的确是忙得不可开交。

　　"要不要我帮您一下？"

　　"不要！"巴甫洛夫斩钉截铁地回答，同时抬起头来把来人看了一眼，"啊"了一声，嘴巴里含的一根线掉在桌子上，双手拿的东西也掉在地板上，原来与他讲话的是当时俄国最杰出的医学家鲍特金教授。

　　"教授，您请坐！"巴甫洛夫有点歉意地说，"我不知道您来。"

　　"是的，这一点很正确，我确实没有事先通知您说我要来。"鲍特金教授说，"您在做什么？"

　　"我在给胰腺做一长期导管。"

　　"您为什么要这样做？"

　　"我准备对胰腺进行一些研究，特别是胰腺上神经的作用。"

　　"您为什么对这一点感兴趣？"

　　"我认为，不搞清楚神经的作用就无法解释胰腺的功能。"

　　"为什么？"教授并没有放松巴甫洛夫，这是第三个为什么，看来教授是非要打破沙锅问到底不可。巴甫洛夫对于这第三个为什么是回答不了的，这也正是他要研究的问题。他没有慌张，也没有造假，他说：

　　"教授，这一点正是我想搞清楚的问题，请留给我以后再回答。"

　　鲍特金态度严肃地对这个青年看了看，想搞清楚对方的回答是不是负责的。当觉得满意时，他说道：

　　"很好，我等待您的答案。但是，年轻人，以后对客人，不管是什么人，都要客气点。"

　　从此，鲍特金教授关切地注视着这位年轻人的一举一动。当巴甫洛夫完成了长期胰腺导管手术的论文后，他一字一句地审阅过，他深信巴甫洛夫是可以造就的。于是，就在当年，他破例地邀请巴甫洛夫到他的实验室里工作。巴甫洛夫十分高兴地接受了鲍特金的邀请，继续废寝忘食地工作着。他认为能在鲍特金教授指导下进行工作，是莫大的幸福。

　　鲍特金教授当时在医学上已经获得了辉煌的成绩。他认为神经系统在人体和动物的活动中起着主要作用。神经系统对于许多器官的支配作用和调节作用，当时尚处在朦胧之中，还没有被人们清楚地认识。鲍特金的神经论观点，在科学上是一种新的见解，这种见解对巴甫洛夫有重要的影响。后来，经过巴甫洛夫的发展和其他科学家的共同努力，神经论成了现代生理学中一个基本原则。

一天清晨，巴甫洛夫很早到了实验室，继续他昨天深夜没有做完的实验。这次实验很重要，按着事先的安排，要完成这实验，至少要五天的时间。鲍特金教授推门走进来：

"喂！巴甫洛夫，你在干什么？"

"教授，我在做实验。"

"那么，白天你在做什么？"

"白天我也在做实验。"

"那么，晚上你在做什么？"

"昨天晚上我也在做实验。"巴甫洛夫没有明白教授问话的含义，就如实地把这一两天内他的活动说了出来。

"那么，"教授毫不放心地问道，"你什么时间休息？什么时间思考？"不容巴甫洛夫申辩，教授继续大声地说道，"思考！思考！你要知道，对于一个科学工作者最重要的就是思考！"

教授的这个批评，虽然冤枉了巴甫洛夫，但是巴甫洛夫一点儿也不感到委屈。相反地，他始终牢记住鲍特金的这个教导，他在继续思考着。依靠实验和思考，他在以后的几年中，在鲍特金实验室里，发现了胰腺神经，对他曾经答应要回答教授的问题，作出了满意的答案。他又在心脏神经中发现了一种特殊的神经纤维，这种神经只能控制心跳的强度，而不影响心跳的快慢。科学界的人士为了表彰巴甫洛夫的这个新发现，把这种神经称为"巴甫洛夫神经"。

十年如一日，伊凡·巴甫洛夫天天上这里来。有时实验期拖长了，他夜间也跑来，看看情况如何。两三个助手，还有一个看狗的工友，这就是他手下的全部人员。实验装置可说没有（只有一个恒温器，那还是用沙丁鱼空罐头盒做的，此外还有一个自制的架子和一盏小煤油灯），一个房间是给狗做手术用的，另一个屋里是放着正在恢复的动物的笼子。

巴甫洛夫实验室养了许多狗，有黑色的、矮个子的茹其卡，有白色的、胖胖的契卡，有棕色的、消瘦而精干的利斯卡，玛布斯则是一条高大的老狗……它们都是巴甫洛夫的朋友。说也奇怪，这些狗见到别人，大声狂叫，张牙舞爪，唯独对巴甫洛夫，它们似乎都懂得他是这里的主人、最高领导，对他很尊敬，从来不大声喊叫。其实，道理很简单，巴甫洛夫爱护它们，对它们的生活十分关怀，常常给它们可口的食物。你如果要和狗交朋友，就学巴甫洛夫好了，常常给它好东西吃，不时抚摸它，用不了多久，狗就会摇着尾巴老是跟在你的脚后了。不信，你试试。

今天，巴甫洛夫给几只狗动手术。他要在狗的身上开一个小窗子，位置在狗的胃上，通过小窗子可以看到狗在吃食物时胃里的情况。前几只狗的手术都失败了，最后巴甫洛夫选定了黑毛小狗茹其卡。动过手术后，天已经漆黑了，茹其卡虽然呼吸微弱，但可喜的是它还活着。巴甫洛夫真高兴，他一直认为茹其卡是世界上最好的狗，它没有辜负他的期望。

巴甫洛夫回到家里，想睡一睡，但怎么也睡不着。墙上大钟的钟摆声也使他心烦，脑海里总出现茹其卡的形象：小小的鼻子，眼睛一闪一闪的，脸上还有几块漂亮的白斑，真是一只可爱的小狗！傍晚，给它动过手术后，茹其卡带着祈求和信任的眼光注视着自己的主人，它无力地呻吟着，躺在试验台上……巴甫洛夫再也不想睡了，他要去看看茹其卡。他穿上外套，很快地来到实验室，推门一看，茹其卡安静地躺在那里，肚子微微地有节奏地起伏着。巴甫洛夫松口气，茹其卡还活着。茹其卡的生命对他来说是多么重要啊！他随手拿过来一张小凳子，在茹其卡身边坐下来，再一次地查看着它，用手摸摸它的头，狗睁开了眼睛，认出了是巴甫洛夫，就高兴地用舌头舔了舔主人的手。茹其卡潮湿的舌头接触到巴甫洛夫的手，他感到莫大的安慰，茹其卡真是一只最好的狗。他为了这次手术的成功，付出了多大的代价啊！也遭受到多少人的冷言冷语啊！

　　生理学在巴甫洛夫以前，大家都惯于采取急性的实验办法。为了研究动物的生理过程，譬如：心脏的结构怎样？是怎样跳动的？科学家们就把动物杀死，取出心脏来，或者对动物进行麻醉，让它假死过去。这种办法，就叫做急性的实验办法。当然，使用这种办法，也取得了一些成果。但是，巴甫洛夫考虑到，经过急性实验的动物和正常的活蹦乱跳的动物已经不一样。因此，巴甫洛夫认为，在假死的动物身上所做的研究结果，不能真实地反映活着的动物身上的情况。那么，怎么办呢？唯一的办法就是让狗活着，让它们能吃、能睡、能叫、能跑，而科学工作者又能观察狗身体内进行的各种过程。怎样才能做得到这一点呢？世界上不少科学家都进行了研究，有的失败了，有的取得了一些进展。巴甫洛夫决定在前人研究的基础上，在狗的胃上开个小孔，用管子把它接到外面。当狗吃食物时，胃腺分泌的胃液就顺着导管流出来，科学工作者就可以对它进行观察和研究了。这是一种大胆的设想，要实现这个设想，首先必须对狗做胃部手术，就如同医生给病人做胃的手术一样。完成这一步并不难，困难的是在胃口上接一个人工的导管，狗还要长久的活着。当时，不少科学家，包括有名气的老科学家都认为这是不可能的。

"您怎么啦，巴甫洛夫，"他们说，"世界上许多人都做这样的手术，但是，都以失败告终了。您还年轻，不明白其中的奥妙。不，请原谅，难道您认为这是可能的吗？"

"是的。"巴甫洛夫坚定地回答说，"请您对我解释清楚，为什么做这种手术是不可能的？如果您能说清楚，我就服从您；但是，如果您说不清楚，那我就要继续做下去，直到成功。"

一些科学家听了他的话，摇摇头走开了。在他们心中，这个年轻人未免太狂妄了。但他们也清楚，没有胃的导管，对胃的消化机能的进一步研究是几乎不可能的。

从那以后，巴甫洛夫集中全部精力做狗的胃导管手术。做了多次手术，一个接一个失败了。带着导管的狗活不了多久，有的半天，有的一天，有的只一两个小时就死去了。那些和他辩论过、讥笑过他的人，又在议论了："真是异想天开，没事找事做！"

巴甫洛夫没有灰心，没有在别人的非议中退却，他再次拿起手术刀，在宁静的手术室里给狗做着手术。他消瘦了，双颊满是胡须。他本来是个大胡子，现在有点像毛人了。在失败接踵而来的日子里，他曾经想道：如果那些讥笑我的人是对的呢？他的心跳加快了，额头上沁出汗珠：不！这是不可能的，为了科学，哪怕失败一百次、一千次，也要坚持下去，因为我的想法是合理的。

从多次的失败中，他终于搞清楚失败的原因在什么地方了。如今，茹其卡安静地躺在实验室的地板上，"多么可爱的一只小狗啊！"但是，茹其卡还要渡过它活下去的最后一道难关，由胃里流出的一种胃液带酸性的物质，对皮肤及周围的组织有腐蚀的作用，长持下去，茹其卡的生命也是不能持久的。巴甫洛夫在思索着：如何解决这个问题呢？

茹其卡活了三天了。这个消息像登了报纸一样飞快地传遍了全城。很多人都来看望茹其卡，其中包括反对过巴甫洛夫的科学家。他们惊奇地摇着脑袋，但是他们是尊重事实的，事实永远胜于雄辩。他们纷纷向巴甫洛夫表示祝贺，认为这是他创造的奇迹。巴甫洛夫谦虚地摇摇头：

"哪里的话，这不能归功于我，茹其卡真是一只不平凡的狗。"

巴甫洛夫把功劳归于他的朋友——小狗茹其卡。

奇迹还在后面呢！

实验室里的人，除清洁工杜霞阿姨外，大家都喜欢茹其卡。杜霞阿姨为什么不喜欢茹其卡呢？也有她的道理。她想：茹其卡又小又矮，并不漂亮，也没有什么奇特的地方，可是偏偏大家都器重它，整天就听到"茹其卡，茹其卡"，她就是想不通。再说，对茹其卡也太娇惯了，其他的狗都在动物房里，唯独它住在漂亮的实验室里，每天还特地给它好的吃，这不是太特殊了！在杜霞阿姨的心目中，认为长此下去，把茹其卡娇坏了，一定要出问题的。

杜霞阿姨的预测没有错。在第五天的早晨，杜霞阿姨走进实验室时，发现茹其卡把墙上一大片石灰扒下来了，自己得意地睡在石灰堆上。她一见这个情景，心里气坏了。按着通常的脾气，她举起拖把就要向小狗打去。拖把到了空中停住了，她想起大家都很器重茹其卡，现在茹其卡名声正大，连巴甫洛夫也对它另眼看待呢！这就叫"打狗看主人"。正在这时，巴甫洛夫走了进来，杜霞阿姨可找到出气的地方了：

"您看看，把它娇成什么样了，今天把墙扒了。我看，明天就要把实验室全毁了！"

巴甫洛夫没有吭声，抱歉地走过杜霞阿姨身边，对茹其卡细细地看起来。茹其卡舒适地躺在石灰堆上，身上的导管正常。"它为什么要扒石灰呢？石灰对于它有什么好处呢？"他想着，把茹其卡抱起来，再仔细地检查了一番。忽然，他注意到一个重要的现象，原来茹其卡扒石灰并不是随便的行动，而是有意的，这其中有什么奥妙？

大家都摇摇头，看不出茹其卡有什么异常。巴甫洛夫于是吩咐把茹其卡放到另一个墙角里，请大家注意：

"看看它明天的举动吧，以后你们就可以发现这其中的奥秘了！"

第二天，茹其卡又把墙上的一大片石灰扒了下来，自己得意地睡在石灰堆上。

巴甫洛夫是对的，小狗扒墙的行动不是随意的。这个迷很快就揭开了。巴甫洛夫指着茹其卡的腹部对大家说：

"你们看，他腹部的皮肤完全好了。茹其卡告诉我们：应该怎样防止胃液对皮肤的腐蚀，用一条有洞的褥子给它垫上，从胃里经过小孔流出来的胃液就被褥子吸收，就不腐蚀皮肤了。这个浅显的道理我们没有想出来。如今茹其卡启示我们了，它用石灰做成了一条有洞的褥子，真是一条聪明的小狗！"

除了黑色小狗茹其卡轰动一时外，棕色大狗利斯卡也曾经崭露头角，自己吃石头，赢得了不少的声誉呢！

借助狗胃上的小窗子，科学研究人员很容易看清楚狗在吃食物时的胃液分泌情况。但这样的小窗子，和玻璃窗不一样，它混浊不清！因为它和胃直接连通，狗在进食时，食物和胃液混在一起，流进导管里的成分也就复杂了，给进一步研究狗的消化作用带来了困难。

必须排除这个困难。巴甫洛夫想到了一个好办法，要是能把狗胃一分为二，一大一小，大胃继续担任消化食物的功能，小胃部进入食物，只让它分泌胃液，导管连在小胃上，这样流出的胃液就没有食物的残渣了。但是，要把想法变为事实，在狗的身上做成两个胃，可不是那么容易的事！德国科学家盖依盖加伊奈实验过多次了，都没有成功。狗胃上布满了很多条神经，就像对着太阳可以看到的树叶上的筋一样，枝枝丫丫多着呢，手术时一不小心就会把神经割断。

　　巴甫洛夫是一个想到什么就要实现，一旦干起来就要干到底的人。他要在狗胃上再造一个小胃。手术失败了多少次，他已经记不大清楚。饲养员可知道三十多条狗的性命在这一周内告终了。说起来这些狗也怪可怜的，巴甫洛夫不时紧皱眉头，有什么办法呢，为了科学嘛！后来，困难终于克服。巴甫洛夫在助手的帮助下，成功地把狗的胃分成了两部分：一大一小。人们为了表彰巴甫洛夫的这一功绩，特地把这个小胃称为"巴甫洛夫小胃"。

　　现有，这条"巴甫洛夫小胃"的狗站在实验台上，对巴甫洛夫愉快地摇摇它的尾巴，以表示它对主人的感谢。因为在一个小时内，巴甫洛夫已经接连不断地喂了它各种食物，有喷香的香肠，有美味的牛肉，有湿润的牛乳，也有通常的干面包……狗吃这些食物时，小胃分泌出纯净的胃液，一滴一滴地经过导管流到玻璃杯中。经过化验，狗在吃香肠分泌的胃液和吃牛肉、吃面包时分泌的胃液都是不同的。不同的食物，分泌不同的胃液。瞧，生物机体是多么周密啊！

　　只要是食物，狗在吃它们时，胃液就分泌出来。这是共同的。如果不是食物，譬如石头吧，狗在吃它时，会不会分泌胃液呢？巴甫洛夫这样想，同样用实验来检验。

让狗吃石头，巴甫洛夫的助手初次听到这个主意时，以为是自己听错了。当巴甫洛夫重复一遍时，他们都惊奇的不得了。要知道，这在世界上还是没有过的事呢！怎样让狗吃石头呢？石头好办，就找那些圆溜溜的小石头好了。但是，狗吃吗？再说，它吃下去，不就完蛋了。

怎样使狗吃下石头，又不至于丧命呢？经过冥思苦想，巴甫洛夫和大家一起终于想出了一个好办法。他们将狗的食道在颈部那里切断一半，再将食道的切口缝到皮肤外面。这个手术并不难，想法却是绝妙的。动过手术的狗，吃食物时，食物从嘴里进去，很快就从颈部的断口跑了出来，再也不进入胃里去了。盘子里的食物吃进去，又掉了回来，是永远吃不完的。

现在，开始用石头来喂狗。巴甫洛夫选定的是棕色大狗利斯卡。利斯卡不是一只普通的狗，它在动物房里已经快两年了，它很喜欢自己的主人，常常尾随在主人的身前身后，有时用它那双精灵的小眼睛瞧瞧主人，想猜透巴甫洛夫需要它干什么。对于这一点，它常常是正确的。现在，巴甫洛夫的学生给利斯卡端来了一盘子白花花的小石子。起初，利斯卡还以为是什么好吃的东西呢！它赶前一步，用鼻子嗅了嗅，摇摇头走开了。利斯卡不吃石头，其他的狗吃不吃呢？巴甫洛夫叫人挨个儿把沙立克、契卡、布克尔、别克……带了进来，实验的结果，它们都不吃石头。

巴甫洛夫没有办法，急得在实验室里来回地走来走去，一会儿把眼镜取下，一会儿又戴上，"那里找一只吃石头的狗呢？"

利斯卡这时也焦急地站在实验台上，来回地看着主人走来走去，它明白了，老教授在着急哩！它仅低下头去看看面前的盘子，盘子里盛着白花花的小石子。它在出神呢。"老教授是要我吃石头吧？！"于是，它用舌头去舔舔石头，但是系在身上的皮带妨碍了它，它够不着。这个动作被巴甫洛夫发现了，巴甫洛夫快步走上前去，把盘子推到利斯卡的嘴边，并且用手摸了摸它的头，利斯卡没有错，巴甫洛夫是要它吃石头呢！利斯卡这一次没有犹豫，它慢慢地把石头从盘子里咬了起来，一个接一个地吃了下去。

"真是一只绝妙的狗，它吃起石头来了！"巴甫洛夫高兴地说：

"快，准备好，开始实验。"

利斯卡吃下的石头一个个从食道的切口处掉进了盘子里。但是，胃液没有分泌。

"这个道理是清楚的，"巴甫洛夫说：

"狗的嘴虽然吃石头，但是它的神经正式告诉大脑：是石头不是香肠，胃无需分泌胃液。"

利斯卡真是一只了不起的狗，能够自动地吃石头，从而帮助科学家完成了一项重要的实验。巴甫洛夫为了奖励它，还不等实验结束，就吩咐人去拿香肠来：

"快！快去！把香肠拿来。"

巴甫洛夫的助手苏莫娃，是一位能干的科学家。巴甫洛夫非常相信她，认为她是妇女中杰出的人才。她为人好学深思，沉默寡言。她不但协助巴甫洛夫完成了半切断狗食道的手术，而且共同进行了"假饲"实验。利斯卡吃石头的时候，苏莫娃也在场。现在，她迅速地取来了香肠。当她把香肠放在利斯卡的面前时，她惊奇地发现狗的胃导管里流出了大量的胃液。

"请看，请看，巴甫洛夫，狗没有吃香肠就分泌胃液了。"苏莫娃说。

巴甫洛夫也注意到这个现象了，他静静底思考了一会儿，对苏莫娃说：

"您把香肠拿走，过20分钟再进来。记住，进来时你把香肠放在口袋里，不要让狗看到它。"

　　苏莫娃按照巴甫洛夫的吩咐走了，狗的胃恢复了正常，不再有大量的胃液流出来。20分钟后，苏莫娃口袋里装着香肠走进了实验室。很快地，狗的胃活动起来，胃液从导管里大量地流了出来。

　　巴甫洛夫笑了，愉快地请苏莫娃吧香肠赐给利斯卡。巴甫洛夫拍拍利斯卡，对苏莫娃说：

　　"道理很简单。第一次香肠放在狗的面前时，狗的眼睛、鼻子很快地感觉到了有香肠，这个信号通过神经传给大脑，大脑很快判断出是有香肠，就通过另外的神经给胃腺下达命令：香肠来了，快分泌胃液。胃腺热行大脑的命令，胃液分泌出来了。第二次，狗的眼睛没有看到，但鼻子嗅到了，情况是一样的。亲爱的苏莫娃，你的意见怎样呢？"

　　苏莫娃赞同地点点头，她对巴甫洛夫教授严谨的科学态度，一切从事实出发的精神，和那种简洁明了的科学分析是十分敬佩的：

　　"教授，完全是这样，狗的大脑在支配胃的行动。"

　　但是，大脑是怎样支配胃的行动呢？要解答这个问题，需要巴甫洛夫和他的同事们付出更多的劳动，还要有百倍的勇气和坚定的信心。

科学研究的道路是无止境的。从棕色大狗利斯卡的"假饲"实验中，他得到结论，人在用口腔咀嚼食物时，大脑就经过神经发布命令，要胃腺分泌胃液。但是，大脑是通过哪条神经给胃腺发布命令的呢？必须找到它。如果找不到它，那么巴甫洛夫的结论只是一种未经证实的假说。

在这个时期，科学界对分布在动物内部的迷走神经有种种议论。有人认为迷走神经对胃液的分泌毫无影响的。双方争执不下，谁也说服不了谁。巴甫洛夫很重视这场争论，但是，他认为最重要的是拿出实验的事实来。他细心地把通往胃腺的迷走神经切断，再进行"假饲"实验时，狗就不再分泌胃液了。他把这个精巧的实验重复了多次，然后公布于众，从而也就结束了这场持续很久的争论。巴甫洛夫用事实说明了，迷走神经是大脑通往胃腺的唯一道路，把这条路卡死了，大脑发出的命令也就无法传到胃腺了。

巴甫洛夫在科学的道路上又前进了一步，他还要再往前走。

有一天，巴甫洛夫的助手彼得洛夫在实验室进行狗的胃腺分泌实验，他使用的是老狗玛布斯。这只狗是实验室里最老的，差不多和实验室有同样的资历。他认识实验室里所有的人，不管是原来的人还是新来的人。它也认识所有的狗，在狗棚里，当其他的狗争吵不休，它也在看不下去时，它就大声喊叫起来。这时，争吵声就停止了。实验室有两个人，是玛布斯最熟悉、最尊重的人，一个是巴甫洛夫，另一个是饲养员马克西姆。马克西姆从巴甫洛夫来到实验室时就来了，一直负责照顾着实验室里的狗，并且兼管传达。老头儿心肠慈悲，所有的人和所有的狗都喜欢他。

实验室里的钟滴滴答答地响着，已经过去一个小时了，玛布斯的胃液分泌正常，每分钟25滴。这时，门外响起了马克西姆的脚步声，由远而近，又由近而远消失了。实验室内一切照旧。但是，彼得洛夫发现老狗的胃液增多了许多，简直是惊人的，每分钟100滴。彼得洛夫惊奇地向周围看看，企图发现有什么新情况，但是什么也没有。那么，什么原因使老狗玛布斯的胃液陡然增加了呢？彼得洛夫急忙把巴甫洛夫请了过来。巴甫洛夫听完了他的叙述，也惊讶了："这究竟是为什么？为什么？"

师生两个正在思考着，饲养员马克西姆又走过实验室门前，老狗玛布斯的胃液又大量地流出来。这真是一个奇怪的现象，实验室脚步声胃液的分泌，这中间有什么关系呢？啊，明白了，难道是马克西姆的脚步声也能引起狗的胃液分泌吗？为了证实这一点，巴甫洛夫即刻开了门，找到马克西姆，对他说：

"亲爱的马克西姆，您每隔15分钟走过实验室门前一次，接连三次就可以了。"

马克西姆嘟囔着，不明白巴甫洛夫为什么这样吩咐他，但是他还是服从了。每当马克西姆走过实验门前时，引起了狗的胃液分泌。这就是说，饲养员的脚步声和食物，通过漫长的岁月，使狗在脑子里产生了一种联系。如今饲养员的脚步声代替了食物，脚步声响起就等于通知狗，有东西吃了。

这个发现，使巴甫洛夫十分兴奋。他坐在书桌前，久久不能平静，他的思想已经习惯不停留在原处了。他想：既然脚步声能代替食物，那么，其他的信号，譬如铃声、黄色的光，是不是也有同样的效果呢？一切需要实验，才能得出结论。第二天，他吩咐，以后给狗吃食时，首先摇铃，就像学校里上课下课要摇铃一样。

一个月后，有一群科学工作者来到巴甫洛夫实验室，正逢准备给狗喂食。大家都很惊奇，铃声响起来了，那些狗纷纷活跃起来，抬头动耳地等待着食物呢！又过了两个月，这一群人又来到实验室，铃声响起来了，所有的狗都骚动起来，可是没有给它们送来食物，这是巴甫洛夫事前的指示。巴甫洛夫请客人们自己观察，铃声和食物具有相同的功效，能够使狗分泌胃液。果然不错，胃液大量地从导管里流出来。

实验表明，黄色的光具有相同的作用，也能够分泌胃液。

在实验时，做实验的狗是经过长期训练的，而不是随便什么狗都可以。譬如野狗，摇铃时，它早就逃之夭夭了。这里，巴甫洛夫领悟到一个重要的道理，无论是饲养员的脚步声，还是铃声，总要经常地伴随着食物，这才能给狗一个有机的联系。一但这种联系在狗的大脑里形成了，铃声一响，狗的整个机体就活动起来，大脑发布命令，胃腺分泌胃液……这便是狗对外界刺激的一种反应。巴甫洛夫把它称为动物的"反射作用"。刚生下来的小狗会吃东西，是一种本能，是没有什么条件的，不需要母狗教它，也不需要人对它训练，巴甫洛夫把它称为"无条件反射"。铃声、脚步声引起的一种反射，是狗后来在生活中获得的，它是有条件的，因此可以称它为"条件反射"。

常常听人说：狗见到肉就流口水。这对不对呢？答案是：也对，也不对。一般说来，狗见到肉是要流口水的，但是，不是所有的狗见到肉都流口水。刚生下来的小狗，见到肉是不流口水的。科学家们做过实验，小狗在吃奶期间内，把肉放在它面前，它不但不吃它，还对着肉汪汪地叫呢！但是，尝过肉的美味的狗，见到肉时，就馋得流口水了。因此，狗见到肉就流口水，这不是狗天生就有的，而是后天获得的，这是一种"条件反射"。

那么，什么使动物的"无条件反射"呢？

当你蹲在河边，好不容易捉到一条小鲤鱼，刹那间这条鱼就在你手上抬头摆尾，一下子就滑到水里去了。你"啊呀"一声时，鲤鱼已经逃之夭夭了，在你手上还留下一种黏液。这是鱼的自卫本能。下雨时，许多蚯蚓爬到地面来，这时如果你用手抓它，它很快就蜷缩起自己的身体，从你的手中滑下去。当你和别人打架时，你挥动拳头对敌手的眼睛打过去，拳头还没有到时，敌手的眼皮就合上了。还有，当你用手接触灼热的东西时，手很快就收回来。如此等等，都是无条件反射。这些行动，对于人和动物的生存是很重要的。

最高的奖赏

谢拉菲玛·瓦西里耶夫娜意味深长地说：

"这时期是我们生活中最幸福的时期。"

每当有俄国学者到国外去，人们向他们打听的第一件事就是：

"你见没见过，认识不认识那位了不起的科学家巴甫洛夫？"

1901年，赫尔辛基大学生理学教授季格尔什泰来到彼得堡。他访问了这位崭露头角的有声望的俄国人物，在这里所看到的一切，都给他留下了深刻的印象，他认为巴甫洛夫在营养学方面出色的试验是正确的。关于这一点，回国之后他亲自写信告诉了巴甫洛夫。

季格尔什泰教授是诺贝尔委员会的委员。但这次是私人交朋友性质的访问。1904年春天，他和委员会的另一位委员约翰逊一起又来到彼得堡，有久负盛名的"假饲"，有胃中的观察"创窗口"，当然还有"小胃"。为了直观性，很多手术都是当着贵宾的面进行的，巴甫洛夫亲自做手术。虽然难免也有点紧张激动，但巴甫洛夫的技巧仍使这两位外国学者大为震惊。他们离开时认为，他们的俄国同行完全应该得到奖赏。

同年10月，巴甫洛夫得到通知，他被提名为诺贝尔奖学金获得者，邀请他去斯德哥尔摩受奖。1904年12月，举行了隆重的大会，授予巴甫洛夫金质奖章、证书和7500卢布奖金。

瑞典国王亲自将这一崇高的奖赏授予巴甫洛夫。同时，好像是为了对来自俄国的科学家表示尊敬，他专门学会了一句俄文问候话："您身体好吗，伊凡·彼得罗维奇？"

50岁的巴甫洛夫身体很棒。他像从前一样结实好动，给人的印象不像个上了年纪的人，只有他那栗色的头发有点开始发白了。

　　巴甫洛夫一家搬到了普什卡尔大街·维金斯卡亚广场一角，一幢楼房二层楼上的新寓所。客厅、餐厅、儿童室和卧室的窗户都面向广阔的维金斯卡亚广场。伊凡·彼得罗维奇喜欢房间多一些阳光和光线。他的办公室，他长子的房间，厨房和其他辅助房间的窗户都俯瞰寂静的庭院。

　　家庭的中心是大客厅。那里最引人入目的是那个雕有花纹的黑橡木书柜，里面装有心爱的书籍（科学出版物已经不往这里放了，那类书藏在办公室里）。在这里闪烁着切口烫金的《布劳克高斯和叶夫伦》，在引人注目的位置可以看到《天文日历》和《星空图》，这些都是给孩子们准备的。伊凡·彼得罗维奇很通晓天文学，并且向自己的孩子们传授这种爱好。

　　小说、文学差不多都是买来当礼物的，在巴甫洛夫家里，书被认为是最上等的生日礼物。

　　巴甫洛夫有时在客厅里校对手稿，一般说来，他很少用写字台。

　　午饭后，他喜欢躺在沙发上休息，不时看着上面挂着的老朋友、艺术家杜鲍夫斯基的绘画，画面上表现了疗养胜地西罗米亚格的一角。每年夏天，巴甫洛夫全家都到那里休假。另一面墙上挂着大儿子五岁时的画像，出自著名画家雅申柯之手。

圣诞节，在客厅中央摆着于天花板一样高的枞树，必定要给孩子们举办圣诞晚会。这里还有米佳叔叔（德米特里）送给侄儿们的礼品——大钢琴。巴甫洛夫家有四个孩子，而没成亲的德米特里通常是在大哥家里度寒暑假的。和他相比，谁也想不出更滑稽的游戏，更俏皮的外号，更开心的笑话。年轻时选定了不费力的道路，使他没达到大哥攀登到的高峰。作为化学家，他是个平庸之辈，在科学上毫无建树。

伊凡·巴甫洛夫成了第四个诺贝尔生理或医学奖获奖者，荣膺这一崇高奖赏的全是些医生。根据瑞典企业家、发明家阿尔弗雷德·诺贝尔的遗嘱，奖金应授予"给人类带来最大好处的人们"。其中一个发现了白喉血清，另一个查明了疟疾的原因，第三个获奖者研究出来治疗皮肤结核的办法。

伊凡·彼得罗维奇·巴甫洛夫没作出纯医学方面的发现，他的工作更多地属于理论性质的。他从根本上改变了科学家和医生们原来认为是根深蒂固的一些概念，所以他的获奖是完全当之无愧的。证明书上说，他获奖是为了"表达承认他在消化生理学方面所做的工作，他在这些关键部位所做的这些研究工作，改变并且扩张了有关这一领域的知识。"

刚开始传闻他可能获奖时，俄罗斯科学院就选巴甫洛夫为通讯院士，巴黎医学院选他为自己的国外院士。快到授奖的时候，巴甫洛夫已经成为三十多个学会、大学和科学院的会员、教授和院士。当时身居国外的，他早期的大学老师之一伊利亚·法捷耶维奇·齐昂给他发来了贺电与贺词："老师对自己的学生很满意，为他而高兴。这不就是胜利吗！"谢切诺夫亲自祝贺伊凡·彼得罗维奇"辉煌的成就……25年来卓有成效的事业给俄罗斯的名字增加了异彩"。

忠实的助手兼朋友

有一家《新时代》报纸开始对这位卓越的科学家大肆诽谤。该报一期接一期连篇累牍地刊登一些攻击巴甫洛夫虐待狗的短文。

巴甫洛夫对这些"犬吠"是不屑一顾的。但是，事情并不只限于报纸上的文章。有那么一位男爵夫人梅茵道尔芙女皇的宫中女官，俄国保护动物协会主席闯入实验室来找他。好像要亲自了解一下实验室用狗的豢养环境，并且证明狗在这里不受折磨。

科学家很不乐意放下手中的工作，出来见这位穿着皮袄的宫中女官，她头戴一顶怪模怪样的帽子像个鸟窝。这是当时的时装款式。

男爵夫人疑惑不解地举着长柄眼镜注视着这位闻名遐迩的生理学家。他穿的不是根据他的职位应该穿的将军服，而是斜领衬衣，系着皮带，裤子的腰围显然是肥大了些，他不时地用手提裤子。总的说来，没有任何威风可言，说话很快，断断续续，重复问话时总爱挥手，手掌放在耳朵边上。说出的是一些粗俗的俚语，谈到狗的时候，总是说"肚子"，而不说腹部。当助手动作迟缓时，他说："等个什么劲儿，还不快打开节拍器。"而所有这一切都发生在帝国医学院里！

男爵夫人觉得她的体面受到亵渎，认为巴甫洛夫可能有意怠慢宫中女官。但她哪里会知道，巴甫洛夫教授无视最严格的命令，坚决拒绝穿将军服。他经常把将军服挂在办公室的柜子里，只是外出讲课时才拿出来。而教授穿的是男爵夫人碰到他时穿的那件斜领衬衣，或者是一件带有蝴蝶领结的普通衬衣，外面罩着西服上装。

有时他不穿西服上装，挽起袖子，裸露出一双青筋暴起的强壮的手，人们经常看到他就是这么一副打扮。不仅在实验室里，有时在院子里，和他的同事们一起玩击木游戏。除了梁赞来的那些扛大活的，谁还玩这个呢？

那位男爵夫人梅茵道尔芙心想，这还了得，一位教授的行为举止竟会如此有失体统。难道说这样的大学者还能骑自行车去上班？而巴甫洛夫却认定这种交通工具比其他什么都好，他戴上自己彩色的鸭舌帽，骑车走东窜西，别人怎么看他他全不在意。他讲话时也不挑字眼，他觉得这样谈吐更方便些。也从来不拘小节，当别人称他"阁下"时，他很不高兴，并且立即更正说：

"我是伊凡·彼得罗维奇，或教授。而你说的那个什么'阁下'是狗的绰号。"

提起狗来，他的话可就多了。

有时候，发现什么新事物时，他说这是托小狗的福。

如果事情进展不顺利，他说恐怕得从小狗身上打主意。关于用狗实验的情况，他津津乐道，不论对象是什么人。就是对男爵夫人，他也不厌其烦地向她介绍自己的科研项目，如数家珍。虽然他也知道这是对牛弹琴。

男爵夫人频频点头，她帽子上的鸟翅膀也在不停地抖动着，而她的长柄眼镜却盯住了"那些可爱的小狗"，它们这是怎么啦，那么可怜，都裹着绷带？要把它们怎么样呢？总是用刀割它们？甚至还专门给狗预备手术室，多么可怕呀！你们当真在搞活体解剖？

俄国保护动物协会主席离去时非常不高兴。不久，她给军事大臣写了封信，信的名称就叫做：《关于活体解剖——一种假冒科学之名的不法行为，士可忍孰不可忍！》

信中写道：

"……动物实验无论往者或今后也均于科学以及生活毫无裨益，且有害处。换言之，使动物遭受到巨大痛苦。有鉴于此，务将动物实验限制到最小范围，并置于动物保护协会会员们严格监督之下。"

收到此信后，军事大臣立即作出这样的批示：

"建议军事学院对此问题作出学术结论。"

医学院的学术会议委员会的答复报告，使人明显感觉得出巴甫洛夫那股无名之火，这是由于居然有人斗胆侵犯科学家的尊严，用假惺惺的慈悲而且出口不逊，这一点使巴甫洛夫实在受不了。

报告中说：

"只有那种没有半点良心的人才能身穿皮袄和羽毛，每天吃着应有尽有的动物和鸟禽，骑阉过的马，参加打猎。总而言之，为了满足自己的要求而给成千上万的动物带来痛苦和死亡，但同时却责备为了科学而给动物带来的痛苦。"

"不，大人先生们！另找别的碴来表达你们对动物的温情吧！但是，人类可谓认识生命、减轻病人痛苦的强烈愿望，是任何禁令也不可能抹杀的。"

巴甫洛夫觉得这还不够。他还在经过医学院学术会议批准的委员会报告后面附上了自己的特别意见。

他能够在必要时，用不着费很多口舌就叫别人同意他的意见。他发言反对医学院半军事化章程时就是这样。按照这一章程，学生们的权利受到严格限制，把他们和士官生相提并论。在巴甫洛夫看来，对教授们实行任命，而不是选举，也是同样荒谬绝伦的。

在医学院的全体教师中，只有巴甫洛夫一个人参加了俄罗斯高等教育界的进步活动，并且在警察对高等学校的监视一日不停止，科学家就拒绝讲课的抗议书上签了名。

医学院领导费尽心机破坏巴甫洛夫教师的生活来作为回敬。要么不给他分配公家住房，要么就是不批准他学生们的论文。

巴甫洛夫的女学生别茨波卡娅使用闪烁的电灯光作为信号，对狗进行强烈刺激，狗不仅分泌大量的唾液来回答这种刺激，而且还扑向电灯泡，要把它毁灭掉。狗在发脾气呢！别茨波卡娅根据实验和其他资料，提出了她的博士论文，并且决心维护它。

当时聚集在彼得堡的一些唯心主义科学家，经过策划，决定利用他们在军事医学院的多数，企图使这篇博士论文得不到通过。当举行学位论文答辩时 参加的人除医学院理事会的成员外，还有不少来宾，其中包括来自国外的科学家。论文宣读完毕，别茨波卡娅顺利地通过了答辩。但最后表决时，那些反对派除一个人放弃原来的见解外，都投了反对票。论文被否定了。巴甫洛夫异常愤怒，他好不容易抑制住自己的冲动，走上讲台，冷静地说道：

"先生们，在这里进行着一件最不公平的勾当。你们或许认为，我将因此受到损失。不，不会的。受到损失的，是反对客观地研究大脑科学的敌人本身。此外，我要告诉你们，我不能再是你们理事会的会员了，我要退出学院。"

巴甫洛夫说完了话，昂首健步穿过人群，一直向大门走去。巴甫洛夫退出军事学院这一事件，当时传遍彼得堡的科学界和所有大学。这是对反动势力的一次有力打击。后来，随着革命学生运动的高涨，学院当局不得不作出让步，重新通过了别茨波卡娅的博士论文，派出代表团，请求巴甫洛夫回到学院里来。巴甫洛夫胜利了，他重新站在军事医学院的讲坛上。他还是该说什么说什么，他慷慨地说：

当我做能使动物致死的实验时，我对之深表同情，感到我将终止一条活蹦乱跳的生命，我是残杀活动物的刽子手。当我动刀宰割活动物时，我听到自己受到严厉的谴责，我用粗暴的手破坏了好端端的机体，使它不能再生。但是我忍受这一切是为了有利于真理，有利于人类。他们提出要把我和我的活物试验置于某些人的经常监督之下，但对于为了寻开心而去折磨动物的事却反倒不闻不问。

"于是，我义愤填膺，我相信这不是对活的、有知觉的、受害者，高尚、光明正大的同情心；这是无知在反对科学，这是黑暗势力在仇视光明，这是一种伪装得并不高明的假慈悲。"

后来，根据巴甫洛夫的倡议，在研究院楼前建立了狗的纪念碑，以表示向这些忠实的"朋友"、工作中的"助手"和享有权利的"战友"致敬。

在一幅半浮雕的下面，有他亲手撰写的题词：

"让狗以它从史前时代起就成为人类的助手和朋友，为科学作出牺牲。但是我们的尊严责成我们，这样做时一定，并且永远要减少不必要的痛苦。伊·彼·巴甫洛夫"

一场恶作剧

那些年，伊凡·彼得罗维奇·巴甫洛夫应一位公爵大人奥登堡斯基亲王邀请，主办生理学试验室。这位亲王是禁卫军军团的司令，亲王的活动并不局限于军务。他是一位驰名的保护文学和科学的赞助人。像他的父亲一样，也举办慈善事业。他用自己的资产在彼得堡创立儿童医院和精神病医院各一所，在加哥拉筹办了疗养院。此外，他还身兼护士协会的监护人。

亲王把自己在阿普捷卡尔岛上的别墅拨给了未来的研究院。别墅旁边有一座属于一位彼得堡银行家的别墅，亲王把它也买了下来，和研究院的房屋连成一片。后来，巴甫洛夫应邀前来工作的那个生理学试验室也设在这里。

差不多和他在军事医学院获得讲座和教授职称的同时，巴甫洛夫开始在这所新建研究院的科学中心工作。亲王批准支出预算，确定科研工作的方向。巴甫洛夫积极参与了院务委员会的工作，总务工作，甚至参与了研究院章程的制订。所以，这里有很多设施是按照他的设计建造的。不久以后，实验医学院成了俄国最大的科学研究机构。

这个时候，在彼得堡，人们的视线被招魂术所吸引，甚至奥登堡斯基亲王也难免随波逐流。好像是为了显示他自己学识渊博，他决定邀请巴甫洛夫作为研究灵魂和神经系统问题的专家到他官邸参加一次招魂会。他来到自己的研究院，并且开始说服自己的科学家，要他一定随他去一趟。

巴甫洛夫再三推辞，说这一切全是招摇撞骗（他不止一次对他的同事们说，搞"这个行当"的主要是那些游手好闲和神经质的人）。最后，巴甫洛夫还是向研究院的监护人作了让步，就那么穿着工作服来到亲王的官邸。

一位据说是法力最高的招魂术者一见到巴甫洛夫，马上称赞他的天才。亲王当下对巴甫洛夫耳语道："他一下子就看出您是什么人了！"

巴甫洛夫答道："这没什么了不起。周围所有的人都穿制服，挂勋章和皮带，就我一人穿便服，而且您还照顾着我。这就表明，我肯定是个什么人物。我看不出这里有什么特殊的地方。咱们开始招魂会吧！"

趁别人准备这一"荒诞无稽的名堂"时，巴甫洛夫从奥登堡斯基的随员中选中了一个有大力士体魄的小伙子，走到他跟前，请他坐在招魂术者一边，而自己决定坐在另一边。同时，他向小伙子讲明，会出现什么情况，应该提防什么情况。小伙子马上心领神会，欣然同意。

所有的人都靠近圆桌坐下，关上灯。再往后呢，用巴甫洛夫自己的话来说，事情是这样演变的：

我立即抓住了招魂术在桌子下面的一只手，用浑身力气压住它。坐在巫师那边的小伙子也抓住他的另一只手。大家都等待奇迹出现，白等一场，结果一无所获。我差不多筋疲力尽了，因为巫师总想从我手中挣脱出去。结果，半小时后，巫师请求开灯，宣布这场表演一无所获，因为有那么一个人向他施加一种强大的精神的反作用力。

"我对巫师说：什么精神反作用力？我的老兄，那是物质的反作用力。是这么回事，你瞧，你都要把我的袖口扯掉了，你想从这里把自己的手拿出去。你另一边的小伙子也和我一样。"

事实胜于雄辩

　　1909年12月，第十二届俄国自然科学家和医生代表大会在莫斯科贵族会议圆柱大厅开幕了。会上，伊凡·彼得罗维奇·巴甫洛夫作了题为"自然科学与脑的报告"。

　　他年逾花甲，已是满头白发，就连胡须也变白了。但他双目炯炯有神，看上去毫无老态。他精神饱满、好动，说话时很激动，还伴有他特有的挥拳动作。

　　在巴甫洛夫演说的时候，会议大厦内挤得水泄不通。他对自己的实验所作的绘声绘色的说明，他那带有一针见血的结论，都给听众留下了深刻的印象。从鲜明性、具体性、完善程度和高瞻远瞩等方面来说，在巴甫洛夫的历次光辉报告当中，这是最精辟的一次。

巴甫洛夫在讲台上感到轻松自如。他最初一次在国外发表演说时，开始说得从容不迫，词句很有节奏，使翻译有可能用英语表达他的讲话。后来，完全醉心于他讲的故事，要知道这都是经过痛苦努力才解决了的难题，它们经常塞满他的头脑，他开始一口气说下去。虽然说这是不应该的，完全把翻译忘记了，但是听众受到他那热情洋溢的演说、突如其来的手势、好奇眼睛的灼热目光所感染，并没有打断这位演说者。与其说他们在听，倒不如说他们在看一场热情豪放的演说。

后来，他突然醒悟过来，原来别人听不懂他所说的是什么。他不知所措地转向翻译，骂了自己一句，懊丧地用拳头敲打讲台，放声大笑，像缴械投降一样高举双手。大厅里对他报以掌声和友善的微笑。所以，当时美国人约翰·凯洛格才说出了大家熟知的那句话：

"如果巴甫洛夫没有成为著名的生理学家的话，他本来可以成为一名出类拔萃的戏剧演员。"

甚至在工作台旁谈话时，巴甫洛夫那狂热的激情也会溢于言表。在波士顿举行国际生理学会期间，正式报告结束后，巴甫洛夫在著名的美国生理学家肯南的实验室里会见了为数不多的一些学员。他谈到自己新近进行的观察和想法，当时的一位与会者说：

"他那热情洋溢的谈吐打动了每一个人。

他在椅子上坐不住，拨弄着他面前桌面上的钟，随时准备从原地跳起，以便扑向听众们。而听众们却屏息静坐，静得连一根针掉到地下都能听得见。"

他不仅在国内，在国外的各种代表大会、专业会议上作报告，他在公共集会上的演说也是很鲜明的，特别是那些学术报告。学者们都引颈企望他讲课，高年级的学生对一年级的同学们说：

"等着吧！到二年级你们会认识巴甫洛夫教授，你们会见识一下真正的学者。"

巴甫洛夫给学生们整整讲了50年课！这是他一生活动的一个重要方面。像他在其他方面一样，他在这方面也才华横溢。推荐他讲课的是谢尔盖彼得罗维奇·鲍特金。他教给这位年轻助手的不仅是实验室的业务，还有部分生理学教程理论上的叙述。当了教授以后，巴甫洛夫已经是老资格的讲课人了。但他还继续提高自己的讲课艺术。

巴甫洛夫的讲座与众不同。9点整，他拿着怀表大踏步走进教室。教室可容纳150人，阶梯教室的座位一排比一排高，从任何一个座位上都可以看得清清楚楚。通常用的讲台不见了，代之以它的六角台子，上面铺着漆布。布上摆着课堂所需的各种各样的仪表和装置。台子上方挂着巨大的枝形吊灯。

巴甫洛夫在靠椅上就座，助手们从旁边房间里推出一个带有轮子的手术台，台上有专门的架子固定实验狗：有"小胃"，胃上有"窗口"，有用来接唾液的试管，或者还有用来作生理学直观教学需要的其他东西。

讲课开始了。为了便于提问题，允许别人打断他的话，教授立即回答，当场答疑。问题提得越聪明，越有趣味，老师就越感到满意。

开始时，助手演示用狗做实验的情况，以便能使学生们了解事实（用巴甫洛夫的话语来说，是"雄辩的"事实），只有在这之后他们才能听到有关的说明。

巴甫洛夫不喜欢抽象推理。他和对方谈话时，就好像讲的是他们眼前发生的事情。他喜欢重复说：

"我认为事实胜于雄辩。"

前后50年，这些出色的讲座每周连续三次。巴甫洛夫教授一次也没有迟到过，只是因病缺席了一次。他常说：

"讲课对我自己很有益处，这是最好的兴奋剂。"

　　巴甫洛夫讲起课来深入浅出，甚至使用家常话。课堂上他好像自问自答。这并不是显示自己。其实，伟大的生理学家从来没有忘记，他出生在梁赞市。他不但不愿隐瞒这一引人注意的事实，而且还特别以此自豪。在他的语言中充满着大量梁赞的地方俗语和民间土语。他最擅长于按照需要改变各种各样的词语。他说"形成了智力堵塞"，他的热情"冷却下来了"。他叫学生们"看就看个够！"斥责某一玩忽职守的工作人员时，他说："我的老爷！让我亲手亲眼来做一遍吧！"

　　讲课形式生动，通俗易懂，引人入胜，对比鲜明，直观性强等，使巴甫洛夫的讲课成了热门。尽管在医学院这些讲座是选修课，但通常二年级学生都倾巢而出听他的课。所以，他的课总是座无虚席。甚至在列夫·托尔斯泰逝世和安葬的日子里，医学院的学生们为了支持伟大的俄国作家关于取消死刑的要求，宣布罢课三天，全院停课。但唯一的例外就是巴甫洛夫的讲座，他的课堂里照样是座无虚席。

　　其实，这一次，巴甫洛夫教授并没有按照常规讲生理学课题。他谈的是，为了纪念这位伟大的作家，刻苦学习是对他最好的爱戴，因为这正是给今后为人类服务作准备。

一般地说，巴甫洛夫并不反对自由命题的演讲。按照医学院的传统，每一教授的第一次讲座都不能讲本专业，而要谈普通的生活问题，医疗道德，希波革拉第（杰出的古希腊医生和自然科学家）誓言等。巴甫洛夫教授的第一次讲座叫做《论奴隶主义与老爷作风》，特别受欢迎。

巴甫洛夫告诉学生们在科学上不要搞老爷作风，他号召学生们把劳动看成必不可缺的生活需要，而不是看成沉重的包袱，不要害怕日常的平凡工作。不然的话，就会精神懒散，造成思想上的奴隶主义，以及他所深恶痛绝的那种萎靡不振。巴甫洛夫号召青年们积极地投身于生活，掌握人类向文明顶峰攀登的漫长道路上所积累的知识财富。最后，他建议青年们从现实出发具体地思考，而不是从自作聪明的议论出发："言论，我的老兄，言论知识一些空洞的声音。你拿出事实来，这才是珍贵的材料。"

后来，当他接任生理学讲座时，他作的第一篇就职演说也是相当有名的。

生理学教研室名列前茅。整整10年，教研室由巴甫洛夫最崇拜的人——谢切诺夫教授领导。现在，他自己领导这个教研室。

高尔基来访

1917年旧历10月，俄国爆发了伟大的十月革命。

俄国历史的篇章开始了新的一页。

帝国主义者和反动势力相互勾结，妄图把新生苏维埃红色政权扼杀在摇篮里。俄国面临着严重的困难，粮食缺乏，冬天没有取暖的木柴，还要对付战争……但是，英勇的俄国人民终于在列宁为首的布尔什维克的领导下，同心同德，消灭了敌人，战胜了困难。

在这个时期，巴甫洛夫实验室也发生了一件大事。

1919年冬天，大雪覆盖了彼得堡的街道和原野。巴甫洛夫很早来的实验室，和看门人马克西姆相互问了好，就走进去了。实验室虽然生了炉子，但是因为木柴不够，火力不旺，房间里还是很冷。马克西姆在咕哝什么，巴甫洛夫没有去理睬他。他在焦急，做实验用的狗越来越少了，一是没有正常的来源，花钱也买不到狗，二是食物不够，一些狗饿死了。但是，没有狗是不行的，没有狗，实验室里的工作就要停止了。

巴甫洛夫站起来，擦擦手，穿上白色外衣，对同事们说：

"必须工作，先生们。要知道，人们的责任就是不停地做实验，不停地研究。"

他走进了手术室，几个助手跟了进去。

雪花开始在灰色的天空飞舞起来。看门人马克西姆一个人站在门口，看着天上纷纷飘落的雪花，嘟囔着：

"下吧！下吧！反正是要下的。"

"您好啊！"一个瘦长高个子的人站在马克西姆面前，亲切地对他说，

"我可以见见巴甫洛夫吗？"

马克西姆冷淡地把来客上下打量了一番，心想：这个人下雪天来干什么？不过，这个人的胡子倒长得不错，人看上去也很和气。"您好！"马克西姆慢声慢气地说，

"要见巴甫洛夫吗？当然可以，不过要等一等，他正在做实验。忙着哩！"

来人在门房里脱下了帽子，正打算脱大衣，马克西姆说话了：

"不用脱大衣，实验室和办公室里都冷，木柴不够用。"

"木柴不够用，是吗？"来人眯起了眼睛，在眼角里还挂了一丝微笑。

"他还笑呢，"马克西姆想道，"不知道有什么可以使他发笑的地方，对这个人要当心。"在他想这些事情的时候，高个子来客已经越过门槛，走进了实验室，马克西姆也就跟着进去：

"不穿白衣进实验室是禁止的，"他不客气地对客人说，"请允许我问一问，您是哪一位？"

客人不慌不忙地答道：

"我叫高尔基，是巴甫洛夫院士工作协助委员会的委员，明白了吗？"

马克西姆点了点头，表示明白了，其实此时他并没有明白。当巴甫洛夫走出手术室，高尔基迎上去，两个人紧紧握手的时候，他从巴甫洛夫兴奋的面孔上才明白过来：

"我说是什么人，名字叫起来怪耳熟的，人好像在哪见过面，原来是大作家高尔基，高尔基。"

　　"亲爱的巴甫洛夫，"高尔基说，"是列宁派我来的，他要我来看看您，和您谈谈。"

　　"什么？"巴甫洛夫有些惊奇了，"请您再说一遍，是列宁委派您来的，列宁怎么知道我？"

　　"是的，是列宁委托我和您谈谈，"高尔基说，"列宁很早就知道您了。从那时起，列宁一直注意着您的成就。"

　　"对不起，亲爱的高尔基，"巴甫洛夫说，"据我所知，列宁是研究政治的。对我的工作感兴趣，这可能吗？"

　　"您自己判断吧！"高尔基愉快地笑起来，用手搔一搔自己的短头发，"列宁请我转告您，他对您的研究工作评价很高。"

　　巴甫洛夫在椅子上不安地欠了欠身。

　　"亲爱的巴甫洛夫，"高尔基继续说道，"我们国家非常需要像您这样的人，特别是现在，在革命以后……"

　　"请原谅，"巴甫洛夫打断高尔基的话，"可是，我不是政治家。"

"但您是科学家，而且是俄国的科学家。"

"是的，是的，您说得很对，我是俄国的科学家。"

"这就是说，"高尔基兴奋起来，"我们是站在一条战线上了，为了一个目标，有一个共同的事业。列宁总是对的，他要我对您说，亲爱的巴甫洛夫，要您考虑一下，让我们一起来开展更广泛的科学研究工作，为人类造福吧！列宁还让我请问您，要做好这个工作，需要我们做些什么？"

巴甫洛夫激动地站了起来，然后又坐下。他没有想到，列宁和苏维埃政府会关心他的工作，会对他的生理科学研究工作给予如此高的评价，认为他是为人类造福的。这太使他感到意外了，他不知道要说什么，站了起来，突然想到应该请尊贵的客人看一看他的实验室。

两位人类伟大的学者并肩地走着。高尔基对实验室里的所有事物都感兴趣，并且知道得很多，询问得很详细，但高尔基最关心的是：

"亲爱的巴甫洛夫，请您告诉我，您这里缺少什么，需要什么，首先需要什么？"

"需要狗，狗，"巴甫洛夫说，"没有狗，我们的工作就要停止了。我怀疑我的同事们已经到大街上去捕捉狗了。这没有办法。但是成绩都不好。"巴甫洛夫像小孩子一样大笑起来。

"明白了，明白了，你们这些人技术不佳，不会捉狗。"高尔基也大笑起来，"还需要什么呢？"

"我想不需要什么了。"

"木柴呢，木柴不需要吗？"

"亲爱的高尔基，请原谅我打扰你俩的谈话，木柴是需要的。您看，试管里的胃液都冻了，水管也冻了。"看门老头马克西姆不知道什么时候跟在他们的后面，这时挤了上来。

"是啊，"高尔基说，"木柴是需要的，这里这么冷，没有木柴生火，做实验是不行的。您说呢，亲爱的巴甫洛夫？"

"如果能给的话，就给吧！"巴甫洛夫有些难为情地说道。

"要给的，要给的，"高尔基说，"还要给您增加一点口粮，亲爱的巴甫洛夫。"

"这是多余的，也是不必要的，"巴甫洛夫反驳道，"别人多少，我就多少，必须珍惜粮食。"

高尔基告辞了。巴甫洛夫和实验室的同事们一起把他送出门外。看门人马克西姆在门口歉意地对高尔基说：

"欢迎您再来。"

"这么说，下次我来时您让我进门了。"高尔基愉快地笑了，和马克西姆握了握手，走到巴甫洛夫面前，两只大手又一次紧紧地握在一起。

不久，苏维埃政府给巴甫洛夫实验室送来了狗和取暖用的木柴，并且为实验室提供了一幢面积相当宽敞的房屋。

力排众议

　　巴甫洛夫的条件反射学说并不是一下子就被所有人承认的。一些人说：

　　"这算什么科学，随便哪个驯狗的猎人都懂！"

　　另一些人随声附和说：

　　"就连扫院子的人也知道有几滴唾液。"

　　更加不满的是心理学家，巴甫洛夫对他们不堪一击的禁区进行了公开，粗野、猛烈的"攻击"冒犯了许多人。甚至在巴甫洛夫的学生中竟然也出现了一个这样的强烈反对者。

　　在开始以纯生理的方法详细研究"心理性的"条件反

射时，实验室里禁止说"狗在想""狗不高兴""狗厌烦了""狗在等待"等，要求找到更加确切的概念，说明此刻在动物的神经系统中究竟出现什么。每一个使用禁用的词汇解释实验的助手们都被罚了款。有一次，巴甫洛夫失言，他一边骂自己，一边哈哈大笑，并立即掏出罚款。

所有持不同看法的人都被别人鄙视地称为"心理迷"，并遭到刻薄的讥讽。安东·捷奥菲洛维奇·斯那尔斯基是巴甫洛夫最亲近的助手，他不顾一切禁忌和讥讽，断然拒绝用新的方法做实验。

"怎么！用一块面包或肉逗狗，敲敲喂狗的盘子，看看这个可怜的家伙是怎样由于预先感觉到食物而开始'分泌唾液'吗？而且不管狗的心理活动如何，就来解释这种现象吗？可是，难道'唾液的分泌'与狗的心理世界，与狗这时所感受的一切没有直接关系吗？"

接着，斯那尔斯基又固执地说：

"生理学最权威的人士们都没有找到别的解释。而且您自己不久前也强烈地赞成心理性唾液分泌（食物相同），并反对反射性分泌，反射性分泌应该是食物已在口中。我甚至现在就可以引用您的话……"

"不必费心了，先生！"巴甫洛夫火了，"引用权威的话代替科学证据，这是最无力的论据，这是我们在中学就学过的。您何必在这儿对我引用巴甫洛夫的话！您的巴甫洛夫错了，就是这样！"

斯那尔斯基顽固地坚持自己的主观解释，认为狗的内心世界和纯粹的人的思维、感觉和愿望相似。他一个劲儿地说他那只实验用狗沃伦是多么聪明伶俐，这只狗对身边发生的事又是多么敏感。

巴甫洛夫对这种观点的"异想天开和缺乏科学性"感到吃惊。他毅然摒弃了关于心理过程是特殊现象这一传统的观点，他说：

"经过周密的思考和认真的思想斗争，我终于下决心仍然做一名真诚的实验者，只研究外界现象和它们的关系。"

和斯那尔斯基的冲突加快了巴甫洛夫的条件反射学说的成熟。在和他分手后，巴甫洛夫便和新的助手托洛奇诺夫着手对自己的想法进行验证。就是他们俩完成了对条件反射的首次研究。

在郊区一家医院担任精神病医师的托洛奇诺夫每天下午到这里来，和巴甫洛夫一起搞"心理学"研究。它们把狗放在架子上，往狗的嘴里灌一点盐酸，狗便开始流唾液。过了一会儿，他们只是把第一次盛盐酸的小玻璃瓶给狗看了看，同样生效，唾液流了出来。

他明白了，心理不止限于条件反射，但是毫无疑问，条件反射是其中主要成分之一。而他确信，客观地条件反射是利用神力方法研究心理过程的可靠方法。而且巴甫洛夫所说的也不只是心理活动，而是高级的神经活动。

但是在神经学家中并非所有的人都是他的同道。弗拉基米尔·米哈伊洛维奇·别赫捷列夫是俄国的一位研究大脑的著名专家，他就是巴甫洛夫的一个最大反对者。由于巴甫洛夫在神经学界是个"外来户"，所以他们之间的争论就更加严重化了。因为巴甫洛夫一直从事消化系统的研究，而突然想起一种研究神经系统的方法，甚至还确信这种方法最正确、最普通、最可靠。

别赫捷列夫和巴甫洛夫在大学是同学，曾多次一起出国。他是一名卓越的神经学家，在大脑结构方面作出了许多重要发现。他经常对巴甫洛夫的条件反射学说发生兴趣，甚至在自己的实验室应用过，然而在他那里，对外界刺激的反应不是分泌唾液而是肌肉收缩。研究别赫捷列夫所说的这种"结合性"反射是相当复杂的。而且他不能像巴甫洛夫做得那样准确。但要承认一个没有专门从事过大脑研究的"外来户"取得了比一生献给这项研究的权威们还大的成果也是很难的。

在医师学会会议上，别赫捷列夫一派和巴甫洛夫一派进行了激烈的辩论。别赫捷列夫在气质上也是与巴甫洛夫相反的人。他以从容不迫的语调、大学者的外表、轻松的姿态、轻轻的微笑回答巴甫洛夫的刻薄反驳，这只能使巴甫洛夫更加有气。他勉强忍住自己的火气听反对者的发言，只是不断地用那富有表现力的手势来弥补自己的沉默。起初他想抱消极的态度把两手交叉在胸前。"请说吧，说吧，我们听着。"后来他由于诧异而摊开两手：

"事实在哪儿？"

接着，有时暂时的平静，双腿一搭，手扶膝盖：

"好，我看你还能有点什么货色？"

突然，他用力把手举起来，用示指指点着说：

"又在瞎叨叨了，不对，一边待着去吧，我们的'唾液腺'可以证明！"他紧紧地握着拳头说道。

"为什么，为什么我们研究大脑高级部位的功能只能限于唾液的条件反射？"别赫捷列夫从台上质问道，"我坚决反对这样，我抗议。动物的活动是外界与其相互作用的主要表现。至于唾液反应，这毕竟是枝节，是小事。"

　　"为什么我们死死抓住唾液法，把它当成是研究大脑皮层最可靠的方法？"巴甫洛夫立即反驳说，"这是因为唾液反应可以非常容易对一切及任何外界现象作出敏捷的皮层反应……假如狗同样也具有人的语言，它也不至于比唾液告诉我们的更多。我们向动物提出个问题：'你，你的高级神经系统能够辨别出八分之一音符吗？'我不能想象心理学家能够用枝节的方法迫使它回答这个问题。'能，我能辨别出来！'它对我这个生理学者答道，用它枝节的唾液相当迅速并准确地回答出来……我们的'唾液腺'方法就是灵。"

　　"难道刺激和局部损坏大脑的方法不那么客观和使人信服吗？不那么确切吗？"别赫捷列夫尽量镇静地反驳道。

　　"但是您显然没有明白最主要的一点！"巴甫洛夫发怒了，"它们不能研究健康的动物皮层的正常工作！作为一个生理学家，一个搞实验的人，我要尽量地摆脱无用的空话，转入正题。问题是我们在多次实验的基础上得出的结论，别赫捷列夫院士学派认为，似乎一切条件反射的中心存在于大脑皮层的事实不可信。认为这种中心都是凭空想出来的……在别赫捷列夫的实验室里进行实验的人员，没有考虑到狗手术后的情况。这就是事实。我认为讲空话没有什么意思，欢迎你们拿出实验证据来……"

尽管争论得十分尖锐激烈，但关于研究动物中枢神经方法的争论并没有使与会者们分道扬镳，他们双方都坚持了唯物主义的立场。巴甫洛夫和那些形形色色的唯心主义者斗争得十分坚决，这种斗争进行了整整一生。

命运使他在英国和一个思想的上反对者查尔兹·谢灵顿相遇。用巴甫洛夫本人的话讲，这是一位"优秀的英国生理学家"，巴甫洛夫曾经推选他担任牛津大学的教师和俄国科学院名誉院士。查尔兹·谢灵顿对他说：

"您可知道，您的条件反射在英国未必会受欢迎，这些东西太唯物主义了。"

生机勃勃

巴甫洛夫着迷地甚至可以说是兴高采烈地研究科学。与此同时，他使实验室的气氛异常活跃起来。比方说，等待实验结果出来是一件非常枯燥的事。于是巴甫洛夫就想出个消遣的办法，给每一个人发一张纸。每一个人都必须在纸上写出自己所猜想的实验结果，并交20戈比。结果比赛场面有意思极了，就连别的实验室的工作人员也被吸引过来了。

巴甫洛夫本来就喜欢各类比赛。对于他来说，没有什么可以比一次又一次超过比自己年轻的对手更为满意的事了。采蘑菇时也不是一般地采采而已，而是比赛谁采得多。巴甫洛夫在多年和安德烈·谢尔盖耶维奇·法明岑教授的比赛中总是胜利者。有一次，在去彼得堡的前夕，法明岑到他那里说，昨天他最后一次采的蘑菇打破了纪录。巴甫洛夫难道能轻易这么认输吗？

他们退了火车票，改变了行期，巴甫洛夫去森林采他那"101"个蘑菇去了。直到所采的蘑菇打破了法明岑的记录，他才心安理得，于是这才去了彼得堡。

甚至在没有任何由头的情况下，他也能想出办法举行比赛。他当了科学院院士之后，曾和接送他的"福特"牌汽车司机比赛，看谁掌握时间更准。条件是到达的时间不早不晚，丝毫不差。他的司机波将金被拉入了这场热烈的比赛中。他把车开到研究所的时间略微提前一点，把小轿车"隐蔽"在墙角（这并不是那么简单的事），以便在需要的时候驶向门口。巴甫洛夫手里总是拿着手表，提前一分钟在那里等他。看到司机准时来后，他才用手指弹了弹表盖，满意地笑着坐进汽车。

巴甫洛夫对于休息也像做工作时一样专心。有一年夏天，他一连三个月没干什么事，说：

"应当叫'条件反射'在夏天休息休息。"

只有一次他不得不以另一种方式度假，但在他写给女助手的信中也发起牢骚来了：

"亲爱的玛丽亚·苏莫娃！

我的休假已近满期，我对这次休假十分不满意。首先，没有任何事情，没有任何目的，而没有这个我就感到寂寞、烦闷。同样，也没有搞体育活动。而最后一点是，所有的时间只有温水浴，既乏味又无益。因此，大脑无所事事，便不免想起条件反射来，所以我并未得到休息……"

除了步行或骑车出游、一定时间的游泳和阅读外，在花园里干活儿也是必不可少的休息方式。

巴甫洛夫从梁赞时期就保持着对土地的热爱，不论什么东西都不能代替他在花园干活时的快慰。在巴甫洛夫家里，从早春就出现一箱箱幼苗，巴甫洛夫每天都察看幼苗的长势。在别墅他也不把修剪灌木的活儿托付给任何人，花卉一定要他亲自栽种。他不喜欢把花剪下来插到花瓶里，他说：

"这不是在观赏行将死亡的大自然吗？"

但他非常喜欢花坛上开花的植物，特别是紫罗兰。他常常用桶担水浇完这些花后，两手插进衣袋、长时间默默地观赏着。

　　巴甫洛夫常从海岸上抬来新鲜的沙子撒在花园的小路上。谢拉菲玛·瓦西里耶夫娜说：

　　"他热爱一切工作，并以极大的兴趣来做。在旁人看来，觉得工作对他来说是最愉快的事，能使他高兴和快乐。他生活的幸福就在于此。"

　　而巴甫洛夫自己却说：

　　"在我的一生中，从来就热爱脑力劳动和体力劳动，但是，对后一种更爱。特别是体力劳动干出点成绩的时候，也就是说，大脑和手结合起来的时候。"

　　巴甫洛夫由于"不断地思考"而感到疲乏的时候，他对自己没有一点绘画才能而感到遗憾，不然就可以用绘画摆脱"脑子里的一锅粥"，得到片刻休息。对他来说，光有科学家的天赋还不够，还要有艺术家的才能！巴甫洛夫的渊博知识和广泛的爱好简直令人感到惊讶。

　　给孩子们买了星空图册以后，巴甫洛夫对天文学也入了迷，以致后来他吩咐在列宁格勒郊外的科学城主楼的塔楼上安装了望远镜，并常常观察星空。

　　自他开始收集蝴蝶之后（他的住所的餐厅里挂满了装有各种甲虫和蝴蝶的标本盒，这些甲虫和蝴蝶有的是在别墅捕到的，也有朋友们从远处的马达加斯加岛带来的标本），逐渐地，他成为一个真正的昆虫学家，经常利用蝶蛹孵出蝴蝶。

巴甫洛夫想拿笔作画的强烈愿望表现在他对名画的收集癖好上，科学院的大厅里墙上从地面到天花板都是名家的画：列宾·苏里科夫、列维坦、马科夫斯基、谢罗夫、瓦斯涅佐夫和其他著名画家的画。多数是原作，或是原作的临摹品。

巴甫洛夫喜欢长时间认真地欣赏大师们的画。当他生病的时候，请人把某一幅画摘下来放在床边的椅子上，以便能在近处欣赏所熟悉的作品。他非常喜欢列宾的《金色的晚秋》，列维坦的《永恒的宁静下》和列宾的《没有料到》，并结识了列宾。"列宾是绘画方面的托尔斯泰，他理解人的巨大心灵感受。"巴甫洛夫肯定地说。

如果说巴甫洛夫在科学方面表现出艺术才能的话，那么他在领悟绘画方面就更是表现出智慧。

他焦急地等待着每一次画展的开幕，每次展览都要看好几回，似乎他不单单是欣赏，而是在研究每幅作品。他也不回避对新出现的作品的争论。

当他成为著名人物的时候，人们开始给他画像、塑像。当时居住在美国的雕塑家科年科夫多次在那里见到过巴甫洛夫，并给他塑半身像。后来，科年科夫回到了祖国，他回忆道：

"伊凡·彼得罗维奇赞扬蒂奇亚诺（意大利画家）是人类艺术大师，热情的断言文艺复兴的神圣精神永远不会熄灭。同时，他带着素有的幽默抨击了艺术中的一切污点和颓废派的作品。"

画家涅斯捷罗夫创造了一系列巴甫洛夫的写生画像，事实上他是由于巴甫洛夫才成为肖像家的。涅斯捷罗夫并不是一下子就画他的，但他终于"鼓足勇气"去列宁格勒找巴甫洛夫。开门的是谢拉菲玛·瓦西里耶夫娜。画家还没有来得及问好，巴甫洛夫就大声说着欢迎的话，突然出现在他面前。

"一连串的话语，手势像旋风般的一个接着一个。我简直不能想象会有这样卓越的人物。他一下子就使我非常佩服，简直五体投地。伊凡·彼得罗维奇一点也不像我见过的那些'官方'人员……伊凡·彼得罗维奇与众不同，非常直率。这位老人就是他的'本来面目'，而这个'本来面目'有时多么富有魅力啊。他使一个画家觉醒起来了，使他失败的恐惧感消失了，剩下的只是一种要给这位超凡脱俗的老人画像的强烈渴望。"

　　在刚刚开始兴建的著名的科尔图什，即列宁格勒郊外的科学城里，画家在巴甫洛夫喜爱的凉台上为他画像。而要使"这位非常好动的86岁高龄的老人安静地坐一会儿"是非常困难的。

　　只好安排他坐在桌旁和助手谈话。助手向他汇报，教授一边听一边提问题。但是这样只进行了很短的时间，谈话自然变得越来越活跃。巴甫洛夫在谈话中常常习惯地用拳头敲桌子。

　　画家就这样鲜明生动地塑造出了巴甫洛夫的形象：巴甫洛夫打着独特的手势正在向一名看不见的交谈者论证着什么。桌子上的花正好把他们隔开。本来想摆上巴甫洛夫所喜爱的雪青色的紫罗兰。但这株花实在太高，挡住了他的脸。因此就放了一株比较低矮的、洁白朴素的花，这种花自古以来就称为"新娘服"。

　　这是人们公认的一幅巴甫洛夫最成功的肖像（现在这幅画陈列在特列基雅科夫画廊），它活生生地反映了这个"好吵好动的老人"的气质。简直不可想象这是在巴甫洛夫逝世前一年画的。

　　他并没有变成一个老头子，任何一个青年都会羡慕他的精力、他的热情。他在75岁的时候，作为他们研究所击木队的常任队长，从助手们那里得到了"击木游戏健将"证书。10年之后，尽管由于大腿骨折有点瘸，但他腿脚仍然非常矫健，眼神很准，击木时左手用力很有劲。当本队比赛队员进行了每一次成功的打击时，他总是那么庄重地大声高喊：

"打得好，太好啦！"

要是谁没有击中，他便陷于绝望并十分生气：

"饭桶！您的动作简直像女人一样！该送您上养老院啦，先生！"

这位多才多艺的老人激烈性格是真够惊人的。半个世纪以来，谢拉菲玛·瓦西里耶夫娜和他日夜相处，对他的性情了解得比所有的人都更为真切。她把这种非凡的性格称为"生机勃勃"。

俄罗斯的冬天

巴甫洛夫心爱冬天，白雪覆盖了大地，严寒的空气使人精神振奋，思路开阔，巴甫洛夫说冬天是"思考的季节"。

这年冬天，列宁格勒过早地迎来了飞雪，寒冷的晨风在涅瓦河的上空携带着雪花吹刮着。行走在岸边大路上的人们，在一定的时间、一定的地方总可以看到一个浓密的灰白眉毛和宽胡须的老人，稳步地向前走着。很多人都认识他，知道他是一位了不起的科学家。在他经过的地方，人们都注目着他，或站下来让老人从自己的身边过去。有些爱说话的人，则脱下自己的帽子，和他打打招呼：

"巴甫洛夫教授，您好啊！"

巴甫洛夫也把自己的帽子抬一抬，说道：

"谢谢您，您好啊！"然后继续走自己的路。从老人走路的样子看，他的身体和健康都是好的。他今年已经86岁了，没有屈服于"年过花甲人就不行了"的常规。76岁那年，他兴致勃勃地和青年人一起参加运动会，在结束的那一天，他还建议再延长一日。在他返回故乡的日子里，他没有忘记，要玩一场自己酷爱的体育游戏——击木。如今，他比70岁的老头子又多活了十几岁。他是一位科学工作者，而且是一位从事对动物和人体结构功能研究的科学工作者，他清楚地知道，他已经到了永远休息的时刻的边缘。他从来没有想到要使自己"万寿无疆"或者"长命百岁"。

在他离开人世前，他还要做一件重要的事情，他想给青年科学工作者留下一份遗言，这也是他们请求于他的。他从事科学研究工作已经快60个年头了。60年的时间，在人类发展的历史长河中是极其短暂的，但是，对于一个人来说，它又是漫长的。一个人的一生只能有一个60年吧！他把60年的时光全用在科学研究上。但是科学的奥秘是无穷无尽的，他没有了解的东西还多着呢！就说人的大脑吧，到现在还是一个未曾揭开的迷呢，如果一个科学工作者能有第二个生命该有多好啊！

什么东西是从事科学研究最重要的呢？巴甫洛夫边走边思考着。一个多月前，秋风从涅瓦河上吹过，灰色的波浪冲击着两岸……如今白雪落满了田野、岸边，寒冷的风在呼啸着。不管怎么样，还是抓紧把这份给青年人的信写完吧，青年是祖国的未来，是科学的希望。巴甫洛夫加快了步伐，走进自己的办公室，他写道：

"对于献身于科学的我国青年们，我希望些什么呢？

首先是循序渐进。当我谈起有成绩的科学工作者所应具备的这个重要条件时，总不能不感觉到心情激动。循序渐进，循序渐进，再循序渐进。你们从一开始工作起，就要在累积知识方面，养成严格地循序渐进的习惯。

为了攀登科学的顶峰，首先要学习科学的入门知识。还没有搞清楚第一步的时候，千万不要急于跨第二步。千万不要用大胆的推测和假设企图来掩饰自己知识上的缺陷。无论肥皂泡是如何美丽而炫目，它终究是要破裂的，那么，除了羞惭以外，你们什么也得不到。

要训练自己严谨和耐心。要学会干科学中的粗活儿。要研究事实、比较事实、积累事实。

无论鸟的翅膀多么完善，如果没有空气，没有事实，它们永远不能飞起来。没有事实，你们的'理论'都是枉费心机的。

但是，在研究、实验、观察的时候，力求不要留在事实的表面上。不要成为事实的保管员。要洞察事实的奥秘。要坚持不懈地寻找支配事实的规律。

第二是虚心。绝不要以为自己什么都知道了。无论别人把你们说得多么好，但你们要有勇气对自己说：我知道得很少。

切忌骄傲，在应该同意的地方，你们会固执己见；由于骄傲，你们会拒绝有益的劝告和友好的帮助；由于骄傲，你们心目中就没有客观的标准。

在我领导的这个集体中，是互助气氛解决一切。我们全体都为了一个共同的事业而努力，每个人都尽自己的力量和才能来推进这个事业。在我们中间，常常分不出哪些是'我的'，哪些是'你的'，但是，这对我们的共同事业只会有好处。

第三是热情。要记住，科学要求一个人的毕生精力。即使你有两次生命也是不够的。科学要求一个人的巨大努力和伟大热情。要热衷于你的工作和目标。

我们祖国为科学家开辟了广阔的前途。应该认识到，我们国家正把科学广泛地应用到生活中去，广泛到最大的限度。

关于我国青年科学家的地位还有什么可说的呢？这是再明白不过了。给了他许多，也要求他许多。不要辜负祖国所寄托给科学的巨大希望，对于青年们和对于我们，这同样是有着荣誉的问题。"

巴甫洛夫吃力地写完了这封给苏联青年们的信，心中感到一种快慰，他想站起来活动活动，但是一阵头晕，他没有能够做到。晴朗的天空忽然又阴暗下来，看来又要下雪了。他把灭了的台灯又开了，把这封信从头到尾检查了一遍，改动了几个字，然后写上日期。他觉得不太舒服，有些气喘，随手按了一下电铃，他的一位学生走了进来，问他有什么事吩咐，巴甫洛夫和气地说：

"请给我一杯水。"

这位学生发现巴甫洛夫气色不太好，立即叫来了医生。经医生诊断，巴甫洛夫患了肺炎。

一个多月以后，即1936年2月27日，巴甫洛夫终止了呼吸。这位为人类的生存和健康奋斗了一生的科学家，曾经给医学作出了很大贡献，而医学的文明却无力挽回他的生命。

列宁格勒的人民隆重地安葬了这位科学元勋。送葬的人，不但有巴甫洛夫的亲戚、同事、学生、生前友好，而且有许多生前并不认识巴甫洛夫的工人、干部和知识分子。人们怀着深切的哀思，在低迴的乐曲声中，请巴甫洛夫长眠在他始终热恋的土地里。

在巴甫洛夫的墓前，没有修建高大的纪念碑，但是正如俄国大诗人普希金所预言的：

"我为自己建立了一座非人工的纪念碑……"

巴甫洛夫的名字不但传遍了整个俄罗斯，而且传遍了全世界。

世界五千年科技故事丛书